中华人民共和国行业推荐性标准

公路装配式混凝土桥梁施工技术规范

Specifications for Construction of Highway Precast Concrete Bridges

JTG/T 3654—2022

主编单位：中交第二航务工程局有限公司
批准部门：中华人民共和国交通运输部
实施日期：2022 年 11 月 01 日

人民交通出版社股份有限公司

北 京

图书在版编目（CIP）数据

公路装配式混凝土桥梁施工技术规范 ：JTG/T 3654—2022 / 中交第二航务工程局有限公司主编. — 北京 ：人民交通出版社股份有限公司, 2022. 10

ISBN 978-7-114-18231-0

Ⅰ. ①公… Ⅱ. ①中… Ⅲ. ①公路桥—装配式梁桥—钢筋混凝土桥—桥梁施工—技术规范—中国 Ⅳ. ①U448. 145. 2

中国版本图书馆 CIP 数据核字（2022）第 176267 号

标准类型：中华人民共和国行业推荐性标准
标准名称：公路装配式混凝土桥梁施工技术规范
标准编号：JTG/T 3654—2022
主编单位：中交第二航务工程局有限公司
责任编辑：丁 遥 李 沛
责任校对：席少楠 卢 弦
责任印制：刘高彤
出版发行：人民交通出版社股份有限公司
地 址：（100011）北京市朝阳区安定门外外馆斜街 3 号
网 址：http://www.ccpcl.com.cn
销售电话：（010）59757973
总 经 销：人民交通出版社股份有限公司发行部
经 销：各地新华书店
印 刷：北京市密东印刷有限公司
开 本：880 × 1230 1/16
印 张：4.75
字 数：108 千
版 次：2022 年 10 月 第 1 版
印 次：2022 年 10 月 第 1 次印刷
书 号：ISBN 978-7-114-18231-0
定 价：60.00 元
（有印刷、装订质量问题的图书，由本公司负责调换）

中华人民共和国交通运输部

公　　告

第54号

交通运输部关于发布《公路装配式混凝土桥梁施工技术规范》的公告

现发布《公路装配式混凝土桥梁施工技术规范》(JTG/T 3654—2022)，作为公路工程行业推荐性标准，自2022年11月1日起施行。

《公路装配式混凝土桥梁施工技术规范》(JTG/T 3654—2022)的管理权和解释权归交通运输部，日常管理和解释工作由主编单位中交第二航务工程局有限公司负责。

请各有关单位注意在实践中总结经验，及时将发现的问题和修改建议函告中交第二航务工程局有限公司(地址：湖北省武汉市东西湖区金银湖路11号，邮政编码：430014)。

特此公告。

中华人民共和国交通运输部

2022年9月13日

交通运输部办公厅　　2022年9月16日印发

前　言

根据《交通运输部关于下达2018年度公路工程行业标准制修订项目计划的通知》（交公路函〔2018〕244号）的要求，由中交第二航务工程局有限公司等单位承担《公路装配式混凝土桥梁施工技术规范》（以下简称“本规范”）的制定工作。

随着工程建设环保要求和人力成本的不断提高，公路装配式混凝土桥梁的应用逐渐广泛，而现行规范中的相关条文较为分散，且不完善，不利于装配式混凝土桥梁的质量控制和建造水平的提高。因此，有必要系统、深入地总结分析已有研究成果和工程应用，将相对成熟的成果转化为规范性文件，指导该类桥梁的应用。

本规范贯彻交通建设转型升级、提质增效的发展理念，按照协调性、前瞻性、面向规范使用对象的原则编制；通过深入调查研究，借鉴国内外相关标准，吸纳装配式桥梁施工先进技术，结合我国装配式桥梁现状和发展需要制定而成。

本规范包括7章和2个附录，即：1总则、2术语、3基本规定、4墩柱与盖梁、5混凝土节段梁、6节段拼装波形钢腹板组合梁、7装配式钢混组合梁，附录A结构胶性能指标、附录B预制构件检查项。

本规范由张鸿、张永涛负责起草第1、2、3章，陈鸣、蒋海里、魏乐永、宋颖彤、夏飞负责起草第4章，王敏、郑和晖、巫兴发负责起草第5章，郑和晖、田飞负责起草第6章，王敏、郑和晖、田飞、贺志启负责起草第7章，田飞、闫兴非负责起草附录A，巫兴发负责起草附录B。

请各有关单位在执行过程中，将发现的问题和意见，函告本规范编制组，联系人：田飞（地址：湖北省武汉市东西湖区金银湖路11号，邮编：430014；电话：17786500473；传真：027-83920788；电子邮箱：shec_tianfei@foxmail.com），以便修订时参考。

主编单位： 中交第二航务工程局有限公司

参编单位： 中交公路规划设计院有限公司
中交第二公路勘察设计研究院有限公司
中交公路长大桥建设国家工程研究中心有限公司
上海公路桥梁（集团）有限公司
上海市城市建设设计研究总院
东南大学

主　　　编： 张　鸿

主要参编人员： 张永涛　陈　鸣　王　敏　郑和晖　巫兴发　田　飞
蒋海里　魏乐永　宋颖彤　夏　飞　闫兴非　贺志启

主　　　审： 崔　冰

参与审查人员： 张建军　陈　冉　卢　建　鲍卫刚　詹建辉　刘玉擎
张建东　张立超　赵灿晖　卢永成　刘亚平　刘永锋
管义军　张太科　高纪兵　李玉友　王洪新　刘经熠
李宗平　李　松　李　军　张慧昕　李春风

目 次

1 总则

1.0.1 为在公路装配式混凝土桥梁施工中，做到安全可靠、技术先进、适用耐久、环保节能，制定本规范。

1.0.2 本规范适用于各级新建、改建公路装配式混凝土桥梁工程中的墩柱、盖梁、节段梁、组合梁的预制、运输及安装施工。

1.0.3 公路装配式混凝土桥梁施工，应严格遵守国家安全生产法律法规，建立和健全安全生产管理制度，认真执行安全操作规程，确保安全施工。

1.0.4 公路装配式混凝土桥梁施工除应符合本规范的规定外，尚应符合国家和行业现行有关标准的规定。

2 术语

2.0.1 装配式混凝土桥梁 precast concrete bridge

以预制混凝土构件作为主要构件，通过可靠的连接方式装配而成的桥梁。

条文说明

本规范主要针对预制墩柱盖梁、混凝土节段梁、装配式组合梁等装配式结构体系。预制混凝土空心板、T梁、小箱梁等装配式桥梁结构在现行《公路桥涵施工技术规范》（JTG/T 3650）中已有详细规定，可参照上述规范进行施工。

2.0.2 节段梁 segmental beam

按主梁纵向划分的桥梁梁段。

2.0.3 短线法预制 short-line method precasting

混凝土梁体沿纵向划分成若干节段，在台座上用固定的模板，依次将已浇筑好的节段作为匹配节段，逐段匹配、流水制作节段的预制施工方法。

2.0.4 长线法预制 long-line method precasting

混凝土梁体沿纵向划分成若干节段，以梁长作为预制台座长度，在预制台座上逐段匹配制作的预制施工方法。

2.0.5 胶接缝 epoxy joint

预制构件结合面涂以结构胶后再拼接的接缝。

2.0.6 湿接缝 wet joint

预制构件间采用现浇混凝土连接的接缝。

2.0.7 结构胶 structural adhesive

在胶接缝处，用于节段间黏结及封闭的胶黏剂。

2.0.8 匹配预制 match casting

将已浇筑好的预制构件作为相邻构件的端模，逐段制作的预制施工方法。

2.0.9 印模 impression

分节段预制墩柱预制过程中，印有墩柱端面键齿的钢或混凝土模板。

2.0.10 钢筋灌浆套筒连接 rebar splicing by grout-filled coupling sleeve

在金属套筒的两端分别插入钢筋并压注水泥基灌浆料的钢筋连接方式。

2.0.11 钢筋灌浆金属波纹管连接 rebar splicing by grout-filled corrugated metal pipe

混凝土预制构件伸出的预埋钢筋插入另一构件的预埋金属波纹管，并压注水泥基灌浆料的钢筋锚固连接方式。

2.0.12 承插式连接 socket connection

在承台上预留槽口，且在槽口侧壁及墩柱底部设置剪力键，将墩柱插入槽口之后灌浆或现浇混凝土的连接方式。

2.0.13 钢筋插槽式连接 grouted pocket connection

将预制构件伸出的受力钢筋骨架插入相接构件的预留孔内部，通过浇筑混凝土，使两者连接成整体的连接方式。

2.0.14 钢筋锥套-现浇连接 tapered sleeve locking-cast connection

构件间受力钢筋通过锥套机械连接，然后浇筑混凝土包裹受力钢筋的连接方式。

2.0.15 剪力槽 shear pocket

预制桥面板上预留用于形成钢混连接的后浇槽孔。

2.0.16 悬臂拼装法 balanced cantilever erection method

自桥墩两侧平衡地逐段向跨中悬臂拼装预制混凝土节段、施加预应力的施工方法。

2.0.17 整孔拼装法 span-by-span construction method

将预制混凝土节段利用专用设备整孔进行拼装、整孔施加预应力的施工方法。

2.0.18 节段拼装波形钢腹板组合梁 segmental corrugated steel web beam

采用波形钢板作为腹板的节段梁。

2.0.19 灌浆料 grouting material

以高强度材料作为骨料，以水泥作为结合剂，并辅以高流态、补偿收缩、防离析等物质及水配制而成，填充于套筒或金属波纹管、钢筋间隙中的材料。

2.0.20 砂浆垫层 bedding mortar

填充在不同构件拼接缝之间的高强度补偿收缩砂浆过渡层。

2.0.21 临时预应力 temporary prestress

为便于安装，用于临时连接构件的预应力。

2.0.22 永久预应力 permanent prestress

永久存在于结构中的预应力。

3 基本规定

3.0.1 装配式桥梁各部件宜统筹设计、生产运输、安装施工，实现全过程协同。

3.0.2 施工前应根据装配式桥梁特点、设计要求、运输及现场安装条件，编制施工组织设计和专项施工方案。专项施工方案应包含安全专项方案，明确安全保障措施；对施工中可能存在的风险进行分析评估，提出相应对策，制订相应的安全生产应急预案。

3.0.3 所有原材料应按本规范具体规定和相关规范进行检测。

3.0.4 预制构件上设置预埋件、预留孔及局部加固构件，均应取得设计单位认可。

3.0.5 预制构件在生产时宜实行首件制，首件验收合格后方能大批量生产。预制构件验收合格后方能出厂，出厂前应在明显位置进行标识。

条文说明

标识内容包括工程名称、施工单位名称、监理单位名称、构件编号、构件方向、构件重量、吊点及支点位置、生产日期等。

3.0.6 用于安装的起重设备的检验、检测应遵守有关特种设备安全技术规范及相关标准。

3.0.7 施工过程中使用的受力装置和受力临时结构应进行专项设计和验算。

3.0.8 装配式桥梁施工宜采用信息辅助手段。

条文说明

信息化辅助手段包括BIM（建筑信息模型）、大数据分析、人工智能监测等。

3.0.9 在正式施工前，应按设计要求进行工艺试验验证。

条文说明

装配式桥梁工艺日新月异，在新环境、新材料、新结构、新工艺等条件下，需对施工工艺进行充分研究论证。如：特殊形状构件预制、新型连接工艺等。

4 墩柱与盖梁

4.1 一般规定

4.1.1 墩柱、盖梁可采用整节段或分节段预制安装。当设计无要求时，应根据预制场地条件、现场安装条件、施工工艺等，确定整节段或分节段预制安装工艺。

4.1.2 预制墩柱、盖梁的连接构造应根据设计要求确定，连接构件的预埋精度及现场安装质量控制应符合本规范相应要求。

4.1.3 预制墩柱、盖梁拼装前应进行试拼装。

4.1.4 预制墩柱、盖梁节段的安装设备应根据构件尺寸、吊重、现场场地条件等进行选型，且架桥机、起重机等大型吊装设备应进行专项检测，并出具与安全使用相关的许可证明文件。

4.2 构件预制

4.2.1 预制场地规划和布置应进行专项设计，并应考虑预制构件的预制、运输和吊装工艺，设置钢筋加工车间、混凝土拌和系统、大吨位起重设备、预制台座、混凝土浇筑养护系统、存放台座、运输道路、给排水设施及供电系统等。

4.2.2 预制场地布置应满足下列要求：

1 应根据安装设备的施工能力、预制构件生产效率合理布置预制场地，并清晰划分各功能区。

2 场地应平整、坚实，配有排水、排污和养护系统。

3 预制台座、修整台座、存放台座及场内移运道路应进行专项设计，具有足够的承载力。

4 预制台座范围内不均匀沉降应不大于2mm。

5 预制构件移运、出运应方便快捷。

4.2.3 预制前，应建立精密的平面控制网和高程控制网。

4.2.4 预制场内测量控制点应符合下列规定：

1 远离热源、振动源，并设置保护装置。

2 具有良好的通视条件。

3 测量控制点基础应稳固可靠。

4 定期复核，保证测量精度。

5 有备用的测量控制点。

4.2.5 钢筋笼制作应满足下列要求：

1 构件钢筋笼应在专用胎架上制作加工成型，钢筋胎架应有足够的强度、刚度和精度，满足受力钢筋定位精度的要求。

2 墩柱及盖梁钢筋骨架制作时，主筋定位允许偏差应满足表4.2.5中的要求，应对灌浆套筒、灌浆金属波纹管及预应力管道采取固定措施。

3 采用灌浆套筒连接或灌浆金属波纹管连接时，与箍筋应采用绑扎连接，不得采用焊接。

4 构件钢筋笼应安装成品吊装所需的吊点、现场调节装置、支座等各类预埋件。

5 构件钢筋笼应分析吊装工况下的受力及变形，必要时设置劲性骨架。

表4.2.5 钢筋笼安装质量验收标准

<table>
<tr><th colspan="3">项　　目</th><th>允许偏差</th><th>检查方法</th></tr>
<tr><td rowspan="3">钢筋定位（mm）</td><td rowspan="2">灌浆套筒主筋</td><td>定位筋</td><td>2</td><td>尺量</td></tr>
<tr><td>预留长度</td><td>-2，0</td><td>尺量</td></tr>
<tr><td colspan="2">其他主筋</td><td>4</td><td>尺量</td></tr>
</table>

4.2.6 构件模板宜采用钢模板。模板系统除应满足刚度、承载能力、稳定性的要求外，尚应满足下列要求：

1 满足构件生产工艺、模具组装与拆卸、周转次数等要求。

2 满足预制构件预留孔洞、预埋件安装定位要求。

4.2.7 混凝土浇筑前，应对灌浆套筒或灌浆金属波纹管、预应力管道定位进行检查，同时应对台座、模板、预埋件及预留孔等进行复测，允许偏差应满足表4.2.7中的要求。

表4.2.7 浇筑前模板及预埋件安装质量验收标准

<table>
<tr><th colspan="2">项　　目</th><th>允许偏差</th><th>检查方法</th></tr>
<tr><td colspan="2">灌浆金属波纹管定位（mm）</td><td>2</td><td>尺量</td></tr>
<tr><td colspan="2">预应力管道定位（mm）</td><td>10</td><td>尺量</td></tr>
<tr><td rowspan="3">模板、模具预留孔洞中心位置</td><td>吊环、预留孔洞（mm）</td><td>3</td><td>尺量</td></tr>
<tr><td>预埋螺栓、螺母中心线（mm）</td><td>2</td><td>尺量</td></tr>
<tr><td>灌浆套筒中心线（mm）</td><td>1</td><td>尺量</td></tr>
</table>

续表 4.2.7

项　　目			允许偏差	检查方法
台座水平度（mm/m）			1	尺量
模板表面平整度（mm/m）			2	尺量
模板垂直度（mm）			0.1%L，且≤3	垂直度测量仪测不少于3处
模板侧向弯曲（mm）			L/1 500，且<5	全站仪测不少于3处
模板尺寸（mm）		长度	±2	尺量
		宽度	±2	尺量
		高度	±3	尺量
预埋件（mm）	剪力键模具	位置	2	尺量
		平面高差	2	尺量
	支座板等预埋钢板	位置	3	尺量
		平面高差	2	尺量
	螺栓及其他预埋件	位置	5	尺量
		外露尺寸	±5	尺量

注：L 为墩柱高度或盖梁长度。

条文说明

用于锚固连接灌浆套筒或灌浆金属波纹管的主筋的定位要求高于普通钢筋，定位允许偏差为2mm；鉴于其预留长度受灌浆套筒内隔板的影响，不能出现正公差，预留长度允许误差为 -2mm。

4.2.8 当预制构件拼接面设置剪力键时，相邻构件宜匹配预制。采用竖向匹配预制工艺时，应满足下列要求：

1 节段内预埋的管道应与匹配节段的各预留孔顺接，并宜穿入加强芯棒。抽拔管应贯穿整个节段长度并伸入匹配节段的预留孔内，伸入长度不宜小于200mm。

2 采用钢模翻模时，钢模应进行专项设计，墩柱浇筑过程中钢模局部变形应小于2mm。

3 采用二次翻模技术进行竖向匹配预制时，印模混凝土应采取措施减小收缩徐变；翻模过程中应对预埋孔道位置进行控制，使其平顺连接。

条文说明

竖向匹配预制常用三种方法（图4-1）：①对于单节段高度较小的墩柱，通常采用匹配预制；②对于自重较大、高度较高的节段，通常采用钢模翻模浇筑，即采用相互匹配的两个钢模作为下节墩柱顶模和上节墩柱底模；③二次翻模技术也能满足自重较大、高度较高节段的匹配预制，即在下节墩身达到一定强度后，在其顶面涂刷隔离剂，通过两次印模混凝土浇筑及翻转，实现对下节墩身顶面的复制，上节墩柱以下节墩柱顶面印模作为底模。在这个过程中，印模混凝土收缩徐变过大会引起墩柱安装时匹配困难，管道无法直接使用加强芯棒连接，需要特别注意其连接的平顺性。

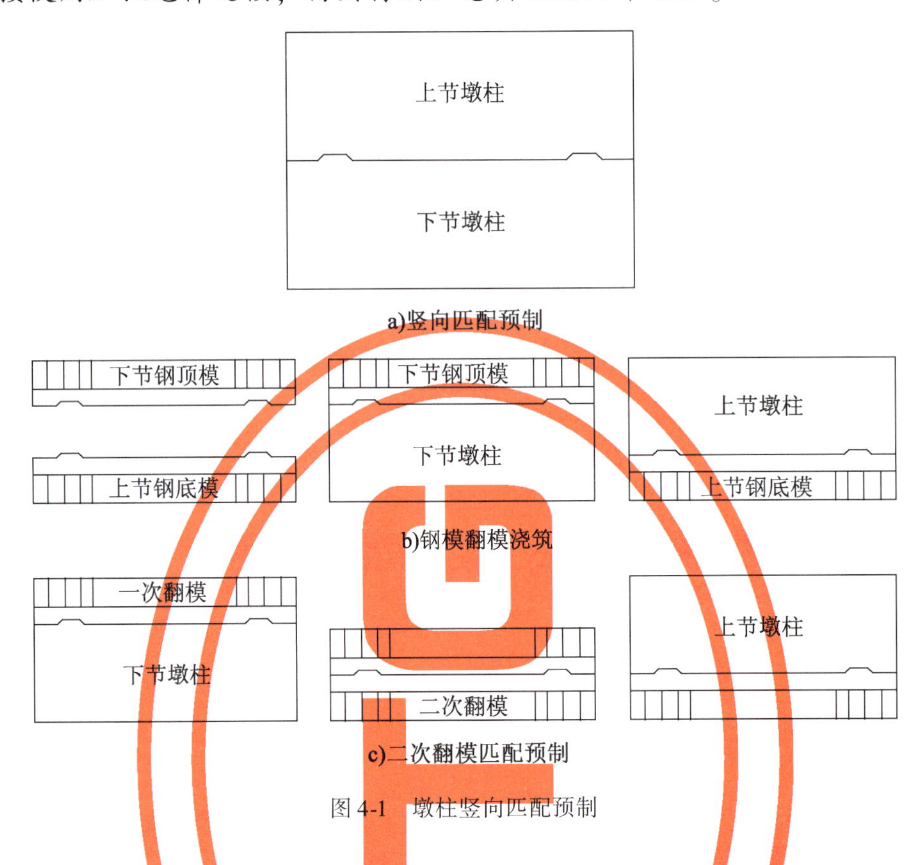

图 4-1　墩柱竖向匹配预制

4.2.9　墩柱、盖梁混凝土浇筑应满足下列要求：

1　墩柱宜竖向预制。

2　墩柱、盖梁混凝土宜一次性浇筑完成，浇筑时宜先行浇筑灌浆套筒或灌浆金属波纹管、预应力装置范围内混凝土。

3　应根据混凝土的品种、工作性及预制构件的规格形状等因素，制定合理的振捣成型工艺。混凝土应采用强制式搅拌机搅拌，且预制构件底部混凝土宜采用机械振捣，中上部机械辅助人工振捣，分层厚度不大于50cm。

4　混凝土入模温度应不低于5℃，且不高于28℃。当日平均气温达到30℃以上时，应按高温施工要求采取措施。

4.2.10　应根据施工对象、环境条件、混凝土原材料及混凝土性能等因素，制订具体的养护方案，构件预制完成后应及时养护，构件养护时间应不少于7d；当气温低于5℃时，应采取保温养护措施，不得向混凝土表面洒水；混凝土养护用水的品质应符合现行《混凝土用水标准》（JGJ 63）的规定。

4.2.11　预制构件脱模和起吊时强度应符合设计规定；设计未规定时，承重模板宜在混凝土抗压强度达到设计强度的 75% 后拆模，起吊时混凝土抗压强度不应低于设计强度的 80%。

4.2.12 预制构件出厂前，应检查并清理灌浆套筒或灌浆金属波纹管内腔及进出浆口，并对进出浆口进行临时封堵。

4.2.13 预制构件的外观质量应符合现行《公路工程质量检验评定标准 第一册 土建工程》（JTG F80/1）的有关规定。

4.2.14 预制构件经验收合格后方可出厂。预制构件应满足表 4.2.14 中的验收标准要求。

表 4.2.14 墩柱、盖梁构件预制质量验收标准

项目			规定值或允许偏差	检查方法
混凝土抗压强度			在合格标准内	按现行 GB/T 50107 要求进行
构件尺寸（mm）		长度	±3	尺量
		宽度	±3	尺量
		高度	-3，+2	尺量
灌浆套筒（mm）		位置	2	尺量
灌浆金属波纹管（mm）		位置	4	尺量
预应力管道（mm）		位置	4	尺量
预埋件（mm）	支座板等预埋钢板	位置	10	尺量
		平面高差	5	钢尺和塞尺
	螺栓及其他预埋件	位置	5	尺量
		外露尺寸	±5	尺量
吊孔（mm）		位置	5	尺量

4.3 存放与运输

4.3.1 预制构件应满足设计规定的存放时间；当设计无要求时，自混凝土浇筑完成后起算至安装的时间不应少于 14d。

4.3.2 墩柱采用立式存放时，应对墩柱进行抗倾覆验算，抗倾覆系数应不小于 1.5。抗倾覆验算时应考虑风荷载、地基不均匀沉降引起的倾覆荷载。

4.3.3 当施工方案要求墩柱由立式放置改为水平放置时，支点位置及数量应满足承载力及裂缝限值要求，并报设计或监控等相关单位复核，宜制定详细操作流程，宜设置专门翻身吊架，翻身作业不得对墩柱造成损坏。

4.3.4 构件运输前应编制详细的构件运输方案和专项保护方案，方案应包括构件放置方向、支点设置、吊点设置、构件翻身处理、外露钢筋保护等内容，运输方案必要时应报送有关主管部门审批。

4.3.5 预制构件的陆上运输应符合下列规定：

1 在陆地上运输墩身、盖梁预制节段时，宜采用专用运输台车，或采用经改装能适应节段运输的车辆。

2 运输线路的路面应平坦，路基或桥涵应有足够的承载能力。

3 采用平卧方式运输节段时，应提前对节段的受力进行验算，合理设置支点，并应在支点处设置缓冲材料，使节段的受力均匀，对节段的捆绑固定措施应可靠。

4.3.6 预制构件的水上运输应符合下列规定：

1 水运预制构件时，宜采用自航式运输驳船，且其有效使用面积和载质量应满足预制构件装载和载重的要求。

2 运输前，应按装载和运输条件下的各种工况，对船舶的强度进行核算和加固计算，并应对船体进行必要的加固处理；同时应对船舶的稳定性进行验算。

3 在运输船上装载预制构件时，应采用型钢设计用于固定节段的专用支架和底座，保证预制构件在水上运输过程中各种工况条件下的稳定性。

4 尚应符合海事和航道管理部门对水上运输的相关规定，保证水上运输的安全。

4.4 构件安装

4.4.1 墩柱、盖梁安装前应做好施工准备工作，并应满足下列要求：

1 安装吊具应进行专门设计。

2 应根据构件的特点及连接方式特点制定作业指导书。

3 安装前应对节段拼接缝进行表面处理，清除尘土、油脂等污染物及松散混凝土与浮浆，确保表面无油、无水、无灰尘，需坐浆的接缝表面宜进行凿毛处理。

条文说明

墩柱、盖梁构件连接的主要方式有钢筋灌浆套筒连接、钢筋灌浆金属波纹管连接、预应力连接（精轧螺纹钢、钢绞线）、湿接缝连接（承插式连接、钢筋插槽式连接、钢筋锥套-现浇连接），其中钢绞线连接有传统的两端张拉方式，也有一端自锁的新型连接方式。各类连接方式如图 4-2 ~ 图 4-4 所示。

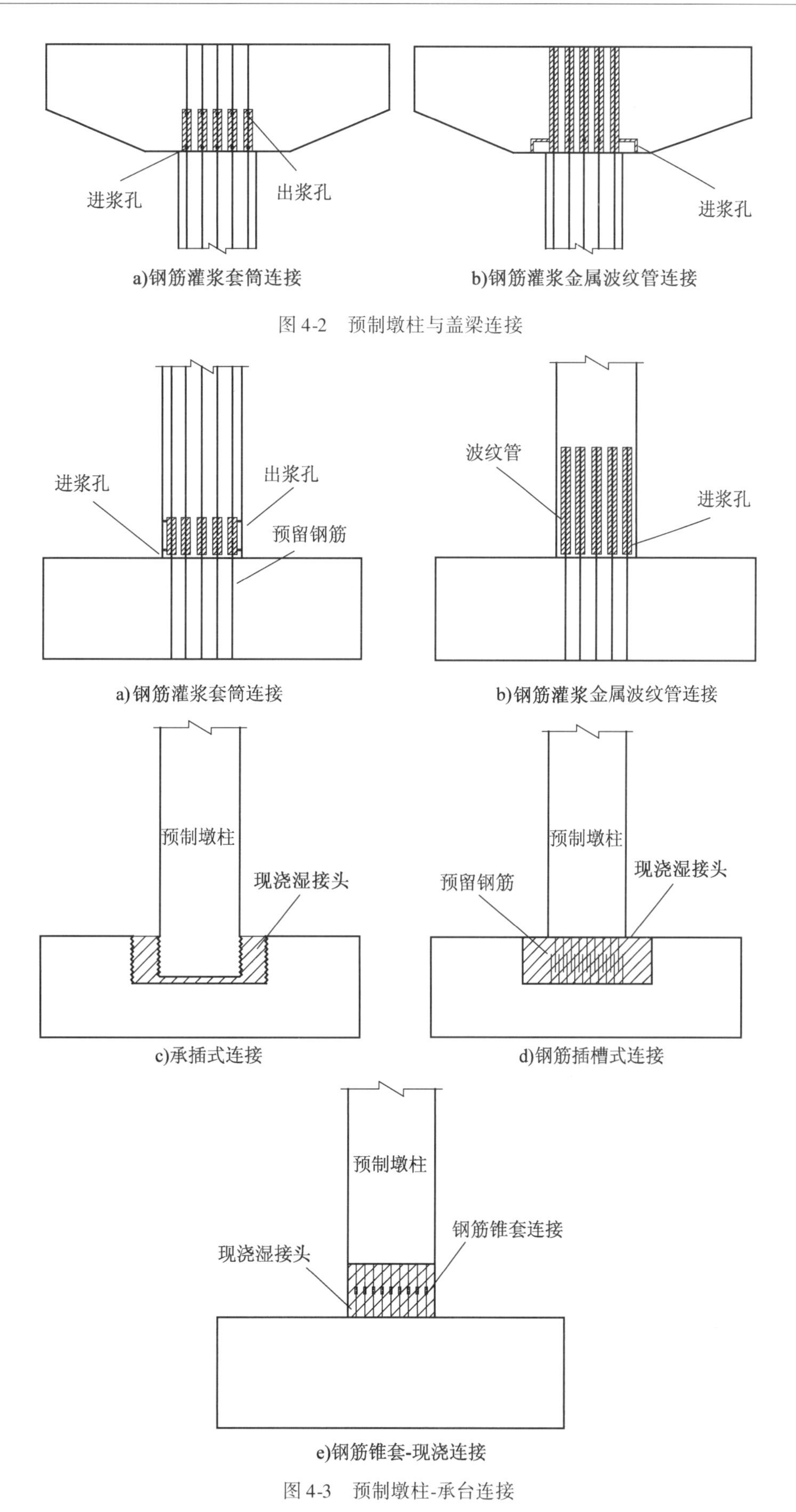

图 4-2 预制墩柱与盖梁连接

图 4-3 预制墩柱-承台连接

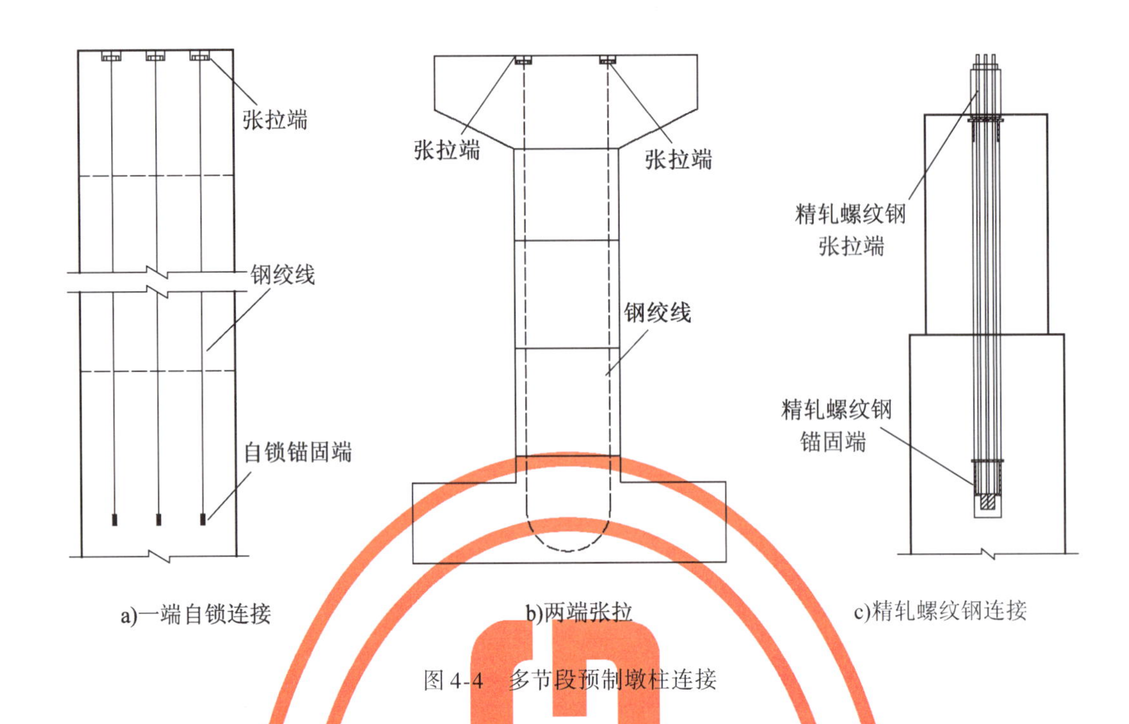

图 4-4 多节段预制墩柱连接

4.4.2 墩柱安装前应对下部构件拼接面的坐标、高程、平整度及预埋钢筋定位等进行复核，应满足下列要求：

1 坐标及高程允许误差为 ±2mm。

2 采用结构胶处理接缝时，平整度允许误差为 ±1mm/m。

3 采用砂浆处理接缝时，平整度允许误差为 ±2mm/m。

4 采用钢筋灌浆套筒连接时，下部预埋钢筋定位应符合本规范第 4.2.5 条的规定。

4.4.3 采用砂浆垫层拼缝施工时，应满足下列要求：

1 不同类型构件拼接缝间的垫层砂浆，应采用高强补偿收缩砂浆，在同尺寸试块加载试验下，28d 抗压强度应不小于 60MPa，且高出被连接构件强度 5MPa，28d 竖向膨胀率应控制在 0.02% ~0.10% 。

2 垫层砂浆初凝时间不应小于 2h，且宜选用质地坚硬、级配良好的中砂。砂的细度模数不应小于 2.6，含泥量不应大于 1% ，且不应含有泥块。

3 构件安装前，应将拼接面充分湿润后，设置调节装置及调节垫块，铺设砂浆垫层，砂浆铺设厚度应大于垫块高度 5mm。

4 在拌制砂浆垫层时，对应每一批次砂浆应取不少于 3 组的试件，标准养护 28d 后进行抗压强度试验。

5 在安装过程中，砂浆垫层连接处宜一次坐浆完成安装，构件调节及安装完成时应保证浆液饱满。

条文说明

采用砂浆垫层拼缝施工时，墩柱与承台、墩柱与盖梁的拼缝施工工艺通常如下：

墩柱与承台的安装工艺流程：拼接面凿毛、清理→拼接缝测量→铺设挡浆模板→调节垫块找平→充分湿润拼接缝表面→铺设砂浆垫层→墩柱吊装初步就位→调节设备安放→垂直度、高程测量→调节墩柱垂直度→钢筋灌浆套筒连接或钢筋灌浆金属波纹管连接。

墩柱与盖梁的安装工艺流程：拼接面凿毛、清理→拼接缝测量→铺设挡浆模板→调节垫块找平→充分湿润拼接缝表面→铺设砂浆垫层→盖梁吊装初步就位→调节盖梁空间坐标→钢筋灌浆套筒连接或钢筋灌浆金属波纹管连接。

4.4.4 钢筋灌浆套筒连接或钢筋灌浆金属波纹管连接施工时，灌浆料拌制及灌注应满足下列要求：

1 灌浆前应再次检查灌浆套筒或灌浆金属波纹管，确保内腔通畅无杂质。

2 应依据设计要求和试验测试结果，精确控制浆体配合比。

3 灌浆料宜在安装前进行流动度测试及 1d 龄期抗压强度测试，且灌浆料性能应满足表 4.4.4 的要求。

4 应采用专用设备进行搅拌和灌浆，并严格控制搅拌、灌浆工艺参数。

5 灌浆料每批次应制取不少于 3 组试件，标准养护 28d 后进行抗压强度试验。

6 在压浆之前压浆口和出浆口应采取临时封堵措施，灌浆操作时出浆口高度应高于灌浆套筒顶部 10cm 以上，且连续冒浆时方可停止注浆，并能成功进行封堵和保压，冒浆及封堵检验覆盖率应为 100%，且应做好灌浆全过程的视频记录。

7 灌浆施工应保持连续，现场应配备应急发电设备及高压水枪等清理设施。

8 灌浆完成后应及时清理残留在构件上的多余浆体。

9 灌浆套筒及灌浆金属波纹管灌浆料试验方法尚应符合现行《钢筋连接用套筒灌浆料》（JG/T 408）的有关规定。

表 4.4.4 灌浆料性能要求

检测项目		性能指标
流动度（mm）	初始	≥300
	30min	≥260
抗压强度（MPa）	1d	≥35
	3d	≥60
	28d	≥100
竖向膨胀率（%）	3h	≥0.02
	24h 与 3h 差值	0.02～0.5
氯离子含量（%）		≤0.03
泌水率（%）		0

条文说明

钢筋灌浆套筒连接或钢筋灌浆金属波纹管连接施工时，灌浆料每批次应制取不少于3组试件。该处的“每批次”指同一天同一台班施工时，与施工部位无关，灌浆料制取不少于3组试件。

灌浆套筒灌浆质量检验难度较大，施工中要严格按照操作流程进行灌浆，并100%记录灌浆过程的冒浆及封堵情况。与此同时，采用一些新方法如“微重力流补浆”，能提升灌浆质量。即在出浆口上方布置透明容器，堵塞灌浆口之后维持透明容器中灌浆料液面高度，及时补浆，可帮助套筒排气（图4-5）。

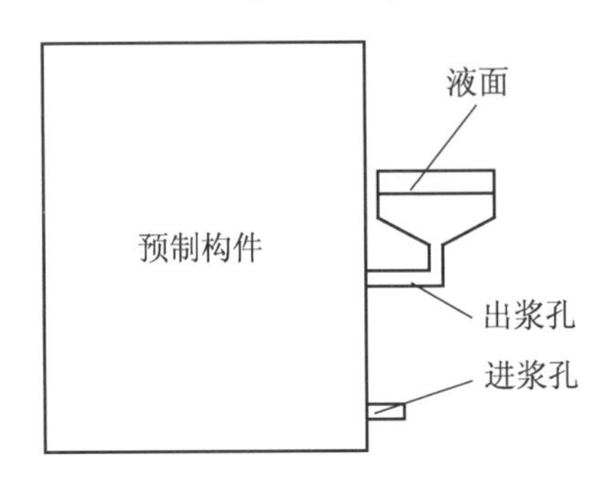

图4-5　微重力流补浆示意图

灌浆套筒无损检测方法包括超声波法、冲击回波法、X射线工业CT法、阻尼振动法、X射线法和预埋钢丝拉拔法等。

4.4.5　当构件采用承插式或钢筋插槽式连接时，应满足下列要求：

1　墩柱安装前应清理槽口，并在承台槽口内设置2cm厚的砂浆垫层找平，砂浆的厚度应均匀，且应一次性浇筑完成。

2　湿接头内的钢筋设置应符合设计规定。

3　构件安装就位后应采用调位装置对其进行三维调节、精确定位，并应启用锁定装置将其及时锁定。

4　湿接头应采用符合设计规定的混凝土，其配合比应进行专门设计并经试验验证。对连接面混凝土应进行严格凿毛处理，并应将连接界面清理干净，浇筑前应采用淡水充分湿润或涂刷界面剂。湿接头混凝土宜在一天中气温相对较低的时段在无水状态下浇筑，浇筑后的保湿养护时间应不少于14d。

4.4.6　当构件采用钢筋锥套-现浇连接时，应满足下列要求：

1　锥套的规格应与钢筋规格一致。

2　锥套锁片安装时，三片轴线位置相应误差不应大于3mm。

3　接头连接前钢筋的径向、轴向允许误差范围应符合表4.4.6的规定。

4　预制墩柱在安装前应检查承台、墩柱结合面的凿毛情况，凿毛最小深度不应小于8mm。

表 4.4.6 钢筋锥套-现浇连接接头钢筋位置允许误差参数

钢筋强度等级（MPa）	钢筋径向最大允差范围（mm）	钢筋轴向间隙最大允差范围（mm）
400	≤d	0～20
500	≤d	0～15

注：d-钢筋公称直径。

5 湿接头模板安装前，应检查锥套连接接头质量、湿接头钢筋布置情况是否符合设计要求。

6 湿接头模板加工应同于预制墩柱模板，安装前应对几何尺寸进行检查，保证构件尺寸、形状，安装成型模板应安装紧密，不漏浆。

7 湿接头自密实混凝土浇筑完毕，应及时采取适宜的养护措施，保湿养护时间不得少于14d。

8 湿接头自密实混凝土达到设计强度90%以上时，方可进行上部构件安装工作。

4.4.7 采用胶接缝分节段安装墩身构件时，应符合下列规定：

1 安装前应在适宜位置设置操作平台。

2 结构胶应符合设计规定的质量和力学性能要求；当设计无要求时，结构胶性能应符合本规范附录A的规定。胶接缝施工应符合本规范第5.5.3条的规定。

3 墩身节段起吊安装就位后，应立即检查复核其平面位置、高程与竖直度，不符合要求时应及时进行调整。安装应保证节段之间的剪力键（槽）密贴。

4 墩身节段安装完成并经检测其平面位置与竖直度符合要求后，起吊墩身节段应进行涂胶施工，涂胶施工完成后下放，及时进行临时固定，并应按设计规定对预应力钢束施加预应力，同时对胶接缝进行挤压。

5 整个施工过程应保持孔道密封，防止外部结构胶、砂浆、杂物等进入。

6 预应力张拉和孔道压浆的施工应符合设计要求，设计未要求时应符合现行《公路桥涵施工技术规范》（JTG/T 3650）的规定。孔道压浆完成后应按设计要求浇筑封锚混凝土。

7 当采用预应力精轧螺纹钢连接墩柱构件时，预应力宜进行超张拉及二次张拉。

条文说明

由于粗钢棒连接可能多次接长，预应力损失较大，需先超张拉至105%的控制应力，持荷5min后锚固，并在28d后再次超张拉至105%的控制应力，且在持荷5min后锚固。

4.4.8 当采用预应力钢绞线连接墩柱时，应满足下列要求：

1 安装前应检查各构件中的预埋管位置是否准确，是否有过大变形，内孔应清理干净。

2　穿索前应确认索号是否正确，在每根钢绞线尾部做好编号，编号应与工作锚板锥孔一一对应。

3　预应力张拉施工应满足现行《公路桥涵施工技术规范》（JTG/T 3650）的要求。

4　张拉完成后应及时灌浆，灌浆宜采用水泥浆，强度不应小于45MPa。

4.4.9　盖梁的安装施工应符合下列规定：

1　安装盖梁预制构件前，应先检查盖梁预留槽（孔）的位置是否与墩身的相应位置一致，有偏差时应采取适当的措施进行调整。

2　盖梁预制构件安装就位后应采用调位装置对其进行空间位置调节。

3　应采取可靠的临时固定措施，在构件精确就位后对其进行临时固定，未固定前不得将起重机的吊钩松脱。

4　分节段匹配安装盖梁预制构件时，节段拼接面的正压应力宜为0.3MPa；胶接缝施工应符合本规范第5.5.3条的规定；预应力张拉和孔道压浆施工应符合设计和现行《公路桥涵施工技术规范》（JTG/T 3650）的规定。

4.4.10　构件安装定位固定后，临时施工措施拆除应满足下列要求：

1　采用钢筋灌浆套筒或钢筋灌浆金属波纹管连接时，灌浆料强度应大于35MPa后方可拆除并进行下一安装工序施工，对进入下一工序灌浆套筒或灌浆金属波纹管出现拉应力的构件，灌浆套筒或灌浆金属波纹管内灌浆料强度宜大于60MPa；设计有规定时，应按设计要求执行。

2　采用预应力连接时，永久预应力施工完毕方可拆除临时施工措施。

3　采用承插式或钢筋插槽式连接时，湿接头混凝土应达到设计规定的强度等级，未规定时，应达到不低于设计强度的80%，方可拆除临时施工措施。

4　盖梁分节段安装施工时，临时预应力应在永久预应力张拉完成且波纹管内灌浆料达到设计要求强度后，才能拆除。

4.4.11　墩柱及盖梁安装完成后，应满足表4.4.11规定的验收标准。

表4.4.11　墩柱及盖梁安装验收标准

项　　目	规定值或允许偏差	检 查 方 法
整节段倾斜度	0.1%，且≤6mm	全站仪或吊线、尺量
节段间错台（mm）	2	尺量
轴线偏位（mm）	3	全站仪
顶面高程（mm）	±5	水准仪
相邻墩、柱间距（mm）	±5	尺量

5　混凝土节段梁

5.1　一般规定

5.1.1　节段预制施工应根据预制场地条件、设计要求、施工工艺等，确定采用短线法预制或长线法预制。本章内容适用于采用短线法预制工艺的节段拼装箱梁。

5.1.2　采用架桥机进行节段拼装施工时，应根据节段的设计信息和现场条件选定架桥机参数。

5.1.3　架桥机应根据静载、动载试验结果进行评估，评估通过后方可进行节段吊装。架桥机的试验应符合现行《起重机　试验规范和程序》（GB/T 5905）和本规范的规定，与通用门式起重机相同的试验（检验）项目可按现行《通用门式起重机》（GB/T 14406）执行。

5.1.4　应对节段梁预制、拼装进行全过程的施工监控，确保结构内力及线形满足设计要求。

5.2　构件预制

5.2.1　节段梁预制场地总体规划布置，应符合本规范第4.2.1、4.2.2条的规定。

条文说明

预制场地布置原则：科学合理，经济适用，功能齐全，方便施工，保护环境，促进生产。为满足节段梁预制施工需求，预制场按功能划分为钢筋加工区、钢筋绑扎区、节段梁预制区、混凝土养护区、修整区、存梁区、出运码头、材料堆存区、生活办公区及其他配套辅助生产设施功能区等，如图5-1所示。

预制台座下方的地基采用便捷的方式进行处理，结合地质勘察条件必要时采用桩基、钢筋混凝土扩大基础等方式进行加固，以提高地基承载力及刚度，满足节段梁预制精度要求。

施工周期内按表5-1所示频次进行沉降观测。

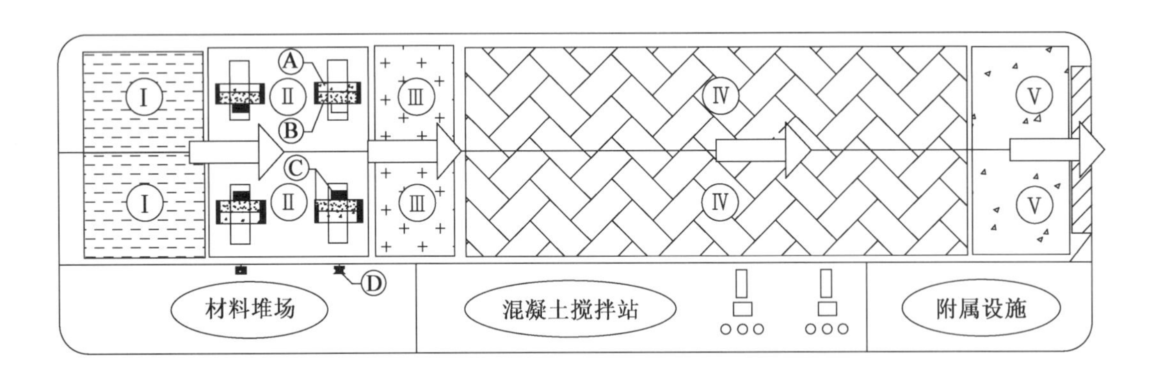

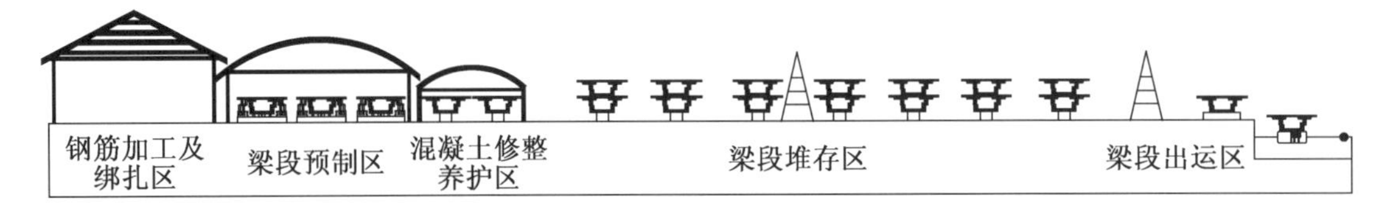

图 5-1　预制场布置示意

Ⅰ-钢筋加工及绑扎区；Ⅱ-梁段预制区；Ⅲ-混凝土修整养护区；Ⅳ-梁段堆存区；Ⅴ-梁段出运区

A-匹配梁段；B-预制梁段；C-液压模板系统；D-测量系统

表 5-1　预制台座观测频次

观 测 阶 段	观 测 频 率		备　　注
	观测期限	观测周期	
制梁台座施工完成	按设计荷载 120% 加载	加载前后	设置观测点、消除非弹性变形
制梁后	前 5 榀梁	1 次/d	测试台座浇筑过程沉降
移梁后	前 5 榀梁	1 次/d	

5.2.2　应在预制场建设时设立测量塔，测量塔宜采用桩基础，测量塔观察点在施工周期内沉降应小于 2mm。

条文说明

测量塔在施工周期内按表 5-2 所示频次进行沉降观测。

表 5-2　测量塔观测频次

观 测 阶 段	观 测 频 率		备　　注
	观测期限	观测周期	
测量塔施工完成	—	—	设置观测点
开始观测	前 1 周	1 次/d	测试测量塔沉降
预制期间	全程	1 次/月	

测量仪器需满足 0.5" 测角精度、0.6mm + 1ppm 测距精度要求，且每年需由具有专业资质的部门重新检测、标定。

目前国内短线法预制测控系统分为双塔形式和单塔形式。

双塔形式，测量塔按两个一组布置，分别位于预制台座两侧。测量塔控制点连线与预制台座待浇梁段的中轴线重合，如图 5-2 所示。

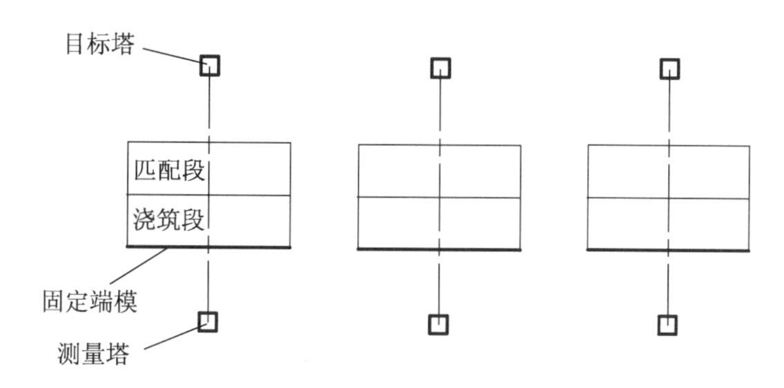

图 5-2　双测量塔式测控系统布置示意

单塔形式，预制台座布置与双塔形式一致，单侧布置测量塔，如图 5-3 所示。

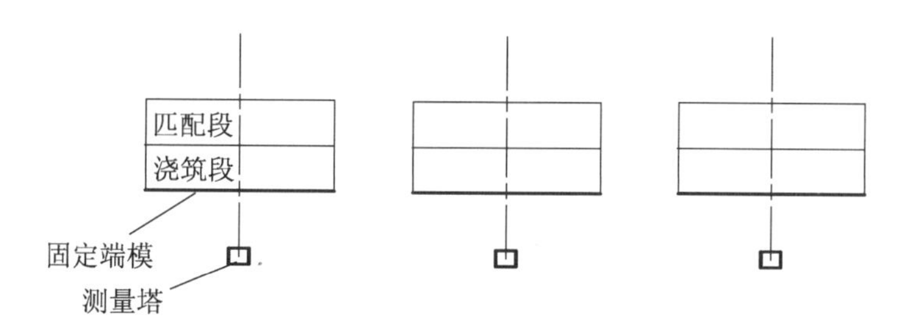

图 5-3　单测量塔式测控系统布置示意

5.2.3　模板系统设计应进行专业设计，具备足够的强度和刚度，考虑模板使用的通用性及模板周转方便，并应满足下列要求：

1　端模及侧模应采用钢模板。

2　匹配节段梁宜安放在可调节空间姿态的底模台车上，应根据预制线形精确定位。

3　底模应水平安置，并与固定端模下缘良好闭合。

4　内模宜安装在可移动的台车支架上。

5　固定端模应保持竖向垂直并与预制单元中线成 90°，端模上缘应保持水平，其偏差量应小于 1mm。

6　模板应与匹配节段梁连接紧密、无漏浆。

7　模板在出厂前应进行拼装验收，合格后方可使用。

条文说明

模板系统需满足混凝土养护、安装拆除便捷、长期周转使用的要求。短线法箱梁节段梁预制模板系统一般由固定端模及支架、活动端模、外侧模及支架、内模及移动支架、底模及底模台车、液压系统等部分组成，如图 5-4 所示。

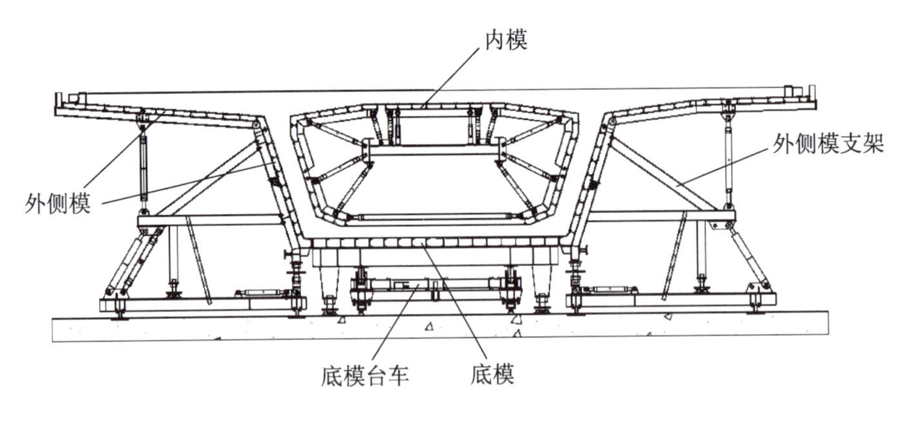

图 5-4　模板系统

5.2.4　模板安装质量应符合表 5.2.4 的要求。

表 5.2.4　浇筑前模板及预埋件安装质量验收标准

序号	项目			规定值或允许偏差（mm）	检查方法
1	相邻两板表面高低差			1.5	尺量
2	表面平整度			2	2m 靠尺和塞尺
3	模板之间拼接缝隙			1	尺量
4	垂直度			H/1 000，且≤3	全站仪或吊线、尺量
5	内模尺寸		长度	−1，−3	尺量
			宽度	+3，−2	尺量
			高度	0，−2	尺量
6	轴线偏移量			2	尺量
7	预埋件	剪力键	位置	2	尺量
			平面高差	2	尺量
		支座板、锚垫板等预埋钢板	位置	3	尺量
			平面高差	2	钢尺和塞尺
		螺栓、锚筋等	位置	10	尺量
			外露尺寸	±10	尺量
		转向器	位置	20	尺量
			转向角	±0.5°	钢尺和量角器
8	吊孔		位置	2	尺量
	预应力筋孔道		位置	节段梁端部 10	尺量

注：H 为节段梁高度（mm）。

5.2.5　节段梁钢筋骨架制作宜满足下列要求：

1　应在胎架上制成整体钢筋骨架，并整体放入模板内。

2 节段梁钢筋骨架施工前应确定合理的钢筋绑扎顺序。

3 钢筋骨架宜采用多点起吊。

4 宜建立预埋件清单，确保各类临时及永久预埋件准确、无遗漏。

5.2.6 预应力管道及装置安装应符合下列规定：

1 定位钢筋宜采用环形箍筋与普通钢筋相连接的形式。

2 抽拔管或预埋管的定位钢筋间距应不大于50cm。

3 预埋管（波纹管）的成形材料应具有足够的强度和刚度，使其在混凝土浇筑完成后保持原有形状。

4 预埋的管道口应设置临时密封装置。

5 节段梁内预埋的波纹管或抽拔管应与匹配节段梁的各预留孔顺接，并宜穿入加强芯棒。抽拔管应贯穿整个节段梁长度并伸入匹配节段梁的预留孔内，伸入长度不宜小于200mm。混凝土初凝后即可拔出抽拔管。

6 采用体外预应力时，预埋锚垫板、转向器、预留孔及减小摩阻的垫板应定位准确，转向装置的位置和角度应满足表5.2.4的要求，外露的预应力筋和锚具应按设计要求进行防护处理。

5.2.7 模板安装前，应在匹配面及模板表面均匀涂刷对混凝土无害且便于清洗的脱模剂，其性能不得影响结构胶的黏结性能。

5.2.8 节段梁混凝土浇筑应满足下列要求：

1 混凝土下料应均匀，并应按一定厚度、顺序和方向分层浇筑，分层厚度不宜大于300mm。环境温度较高时混凝土入模温度应不超过28℃，在温度较高时应有预冷等降温措施；环境温度较低时混凝土入模温度应不低于5℃，并应有保温措施，且满足设计和相关规范要求。

2 侧模及底模上宜按需设置附着式振捣器。腹板部位混凝土振捣可采用插入式振捣器，振捣时应避免碰及管道、钢筋、模板、混凝土剪力键及预埋件。

3 浇筑前应测量混凝土坍落度，使其满足工作性能要求。

4 混凝土的运输、浇筑及间歇的全部时间不应超过混凝土的初凝时间。

5.2.9 节段梁混凝土养护应满足下列要求：

1 应根据环境温度、水泥品种、外加剂、施工进度要求及对混凝土性能的要求，确定养护方案。

2 采用常规养护时，不间断养护总时间不宜少于7d。

3 对节段梁的外立面混凝土宜采用喷雾或其他适宜的方式进行养护。

4 采用蒸汽养护时，应符合下列要求：

1）从节段梁混凝土全部浇筑完毕后开始计时，静停时间不应小于2h，且不宜多于6h。

2）加热应均匀。

3）升温、降温速率控制值应符合表5.2.9的要求。

表5.2.9　升温、降温速率控制值

表面系数（m^{-1}）	升温速率（℃/h）	降温速率（℃/h）
≥6	15	10
<6	10	5

注：表面系数指结构冷却面积（m^2）与结构体积（m^3）的比值。

4）恒温阶段蒸汽养护温度宜控制在55～65℃。

5）恒温状态相对湿度宜控制在90%～100%。

6）预制节段梁在养护过程中，应进行温度测量。当外界与节段梁表面温差不大于15℃时，方可拆除养护设施，并采用喷湿方式进行养护。

7）混凝土配合比试验应与蒸汽养护温度控制试验同步进行。

条文说明

（1）蒸汽养护具有提高混凝土强度增长速度的特点，适用于低温条件下预制生产，并能加快节段梁预制速度。

（2）静停阶段指从节段梁混凝土全部浇筑完毕至蒸汽养护开始之间的养护期，该阶段能增加混凝土在升温阶段对结构破坏作用的抵抗能力，使混凝土获得一定的初始结构强度。静停时间的长短与外界温度、混凝土性能及混凝土强度有关。

5.2.10　节段梁脱模应满足下列要求：

1　混凝土强度达到设计强度的75%后方可脱模并拆除。

2　脱模或移动节段梁时，均应防止伤及梁体棱角和剪力键等部位。

3　节段梁脱模后应及时进行检查验收，节段梁预制质量应符合表5.2.10的要求。

表5.2.10　节段梁预制质量验收标准

序号	项　目		规定值或允许偏差（mm）	检查方法
1	混凝土抗压强度		在合格标准内	按现行GB/T 50107要求进行
2	表面平整度		5	水平尺及塞尺
3	长度		±5	尺量
4	断面尺寸	宽度	±15	尺量
		高度	±5	尺量
		厚度	±3	尺量

续表 5.2.10

<table>
<tr><th>序号</th><th colspan="3">项　　目</th><th>规定值或允许偏差
(mm)</th><th>检 查 方 法</th></tr>
<tr><td rowspan="5">5</td><td rowspan="5">预埋件</td><td rowspan="3">支座板、锚垫板等预埋钢板</td><td>位置</td><td>10</td><td>尺量</td></tr>
<tr><td>高程</td><td>±5</td><td>水准仪</td></tr>
<tr><td>平面高差</td><td>5</td><td>水准仪或拉线、尺量</td></tr>
<tr><td rowspan="2">螺栓、锚筋等</td><td>位置</td><td>10</td><td>尺量</td></tr>
<tr><td>外露尺寸</td><td>±10</td><td>尺量</td></tr>
<tr><td rowspan="3">6</td><td rowspan="3">预留孔</td><td>吊孔</td><td>位置</td><td>5</td><td>尺量</td></tr>
<tr><td rowspan="2">预应力孔道</td><td>位置</td><td>节段梁端部10</td><td>尺量</td></tr>
<tr><td>孔径</td><td>+3，0</td><td>尺量</td></tr>
</table>

5.2.11 节段梁预制混凝土浇筑过程中应按要求及时取样制成试块，每批次取样不少于3组，其数量除应满足标准养护要求外，还应满足同条件养护、测定混凝土阶段性强度的要求。

5.2.12 节段梁修整应符合下列要求：

1 节段梁表面应进行修整和清理，确保箱梁外侧面和底面平整。

2 除胶接面严重破损的情况外，节段梁胶接面不宜进行修补。

条文说明

胶接面外形对桥梁线形影响较大，在接缝面无严重破损的情况下，进行修补可能导致界面变形，影响节段梁之间的匹配性。

5.3 存放与运输

5.3.1 预制节段梁吊离预制台座、移运、堆存时，混凝土的强度不应低于设计强度的80%。

5.3.2 节段梁出场时，外观应满足下列要求：

1 混凝土表面应平整、颜色一致，无明显施工接缝。

2 混凝土表面质量应满足现行《公路工程质量检验评定标准　第一册　土建工程》(JTG F80/1)的规定。

3 与湿接缝相邻端面应凿毛处理，凿毛最小深度不应小于8mm。

5.3.3 预制节段梁移运、吊放时，应匀速、缓慢进行。

条文说明

在以往的施工中，预制场内节段梁移运所采用的搬运机的提升速度限制在2m/min之内；在悬挂节段梁的重载状态下，搬运机的行走速度控制在3～5km/h；为避免损坏场地，搬运机空载时的行驶速度也需控制在10km/h之内。

5.3.4 节段梁存放应满足下列要求：

1 预制节段梁应按其安装的先后顺序合理存放。

2 节段梁吊离预制台座移至存梁场后应及时进行养护。

3 当节段梁多层叠放时，层与层之间宜采用枕木、橡胶板等弹性支撑物隔开，支撑位置应设在设计规定的支点处，宜采用三点支撑的形式存放。

4 节段梁叠放层数宜根据节段梁构件强度、台座地基承载力、支撑物强度及叠放稳定性等经计算确定，且不宜超过2层。

5 节段梁的存放时间应满足设计要求，且不宜少于28d。

5.3.5 应根据预制场地理位置、结合实际运输通道条件、节段梁重量、节段梁尺寸等因素选择合理的节段梁出运设备。

5.3.6 节段梁采用陆路运输时，应符合本规范第4.3.5条的规定。

5.3.7 节段梁采用船舶运输时，应符合本规范第4.3.6条的规定。

5.3.8 节段梁在运输过程中，应采取保护、固定措施，并应符合下列规定：

1 节段梁支撑点的设置应满足设计要求，避免运输设备振动对节段梁造成不利影响。

2 应根据运输线路上的最大纵横坡，设置纵横向限位装置。

3 需进行梁上运梁时，应经设计认可后实施。

5.4 墩顶节段梁拼装施工

5.4.1 节段梁安装测量仪器精度应满足墩顶块调位精度要求，并应避免在高温时段或6级以上大风条件下进行测量作业。

5.4.2 墩顶节段梁可采用架桥机、起重机或浮吊吊至墩顶处，对其进行精确调位，调位精度达到施工控制要求后，方可进行临时固定。

5.4.3 节段梁拼装前应做好施工准备，并满足下列要求：

1 用于节段梁拼装的临时设施应由施工单位组织进行设计及制作，得到设计认可后方能实施。

2 当采用移动式临时支座时，在使用前，应对其进行预压试验，保证临时支座固结安全可靠。

3 永久支座安装应在支座垫石施工完毕并验收通过后进行。

4 应在节段梁安装前完成架设设备安装验收并取证等准备工作。

条文说明

用于节段梁拼装的临时设施包括墩顶操作平台、墩顶临时托架、临时固结、湿接缝浇筑模板、湿接缝两侧节段梁刚性或半刚性连接等。

5.4.4 墩顶节段梁临时固结应按设计规定实施；设计无要求时，施工单位应根据现场条件及施工工艺要求，设计临时固结方案以抵抗施工过程中产生的不平衡力矩，临时固结方案应由设计或第三方复核。设置墩梁临时锚固应符合下列要求：

1 临时锚固可采取U形钢绞线锚固或精轧螺纹钢等措施，临时锚固设置的强度、规格、数量应通过计算确定。

2 采用U形钢绞线临时锚固时，墩身预埋宜采用U形镀锌钢管或不锈钢管，钢管两端应采用胶带封堵，钢管预埋偏差应不大于5mm。

条文说明

墩顶节段梁临时锚固如图5-5所示。考虑预埋在墩身内部的U形管道刚度以及穿束，通常采用钢管作为预应力管道以便于施工。

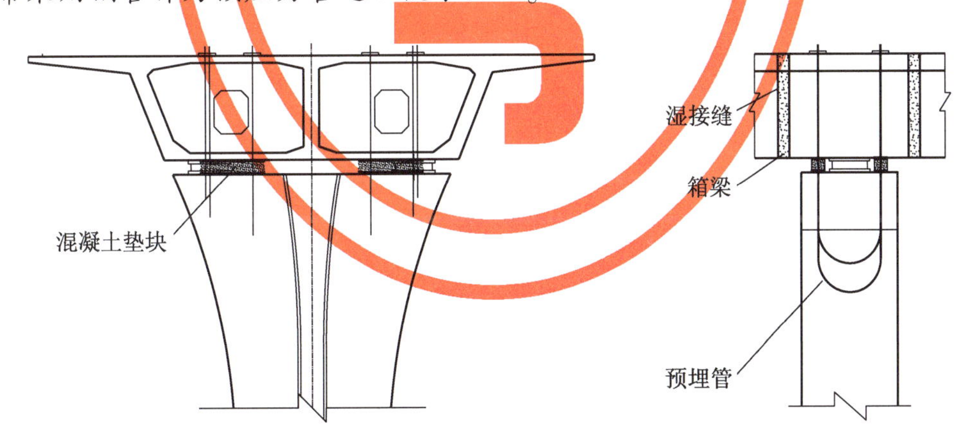

图5-5 墩顶节段梁临时锚固示意

5.4.5 墩顶节段梁采用预制壳体或分段、分层预制时，二次浇筑应采用与预制梁体强度等级相同的补偿收缩混凝土，且应考虑混凝土水化热的影响，必要时应增设冷却水管等温控设施。

5.4.6 墩顶节段梁安装精度应满足本规范第5.6.10条的要求。

5.5 标准节段梁拼装施工

5.5.1 应根据各种工况下需要承载的节段梁设计重量和现场条件，充分考虑施工荷载选定架梁设备。

条文说明

架梁设备一般有上行式架桥机、下行式架桥机、桥面吊机、地面起重设备（履带式起重机、汽车式起重机、门式起重机等）、水中起重船等，要综合考虑环境条件、造价、箱梁结构设计、气候等多种因素，因地制宜选择合适的类型。

上行式架桥机的承载主梁位于混凝土桥跨的上方，如图5-6所示。通常架桥机自带卷扬机等起重设备，用于节段梁的提升、移动和拼装。在节段梁拼装时，所有的节段梁通过悬吊杆悬挂在承载主梁的下方，对地面社会交通的影响较小，也可在河谷、海洋等环境下不依赖辅助设施进行施工。

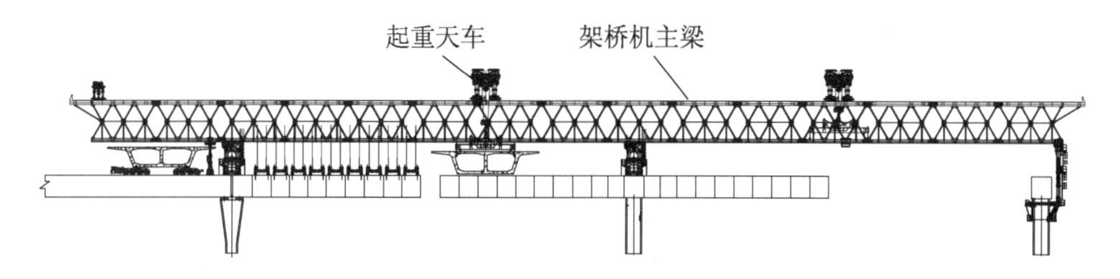

图5-6 上行式架桥机

下行式架桥机的承载主梁是位于节段梁下方的导梁，如图5-7所示。这类架桥机需要辅助起重设备的配合，所有的节段梁都放置在导梁上完成拼装。下行式架桥机不需要悬吊杆体系，更为安全，抗风性能更好；架桥机的承载主梁采用油压千斤顶支承节段梁，便于调整节段梁的倾斜角度。

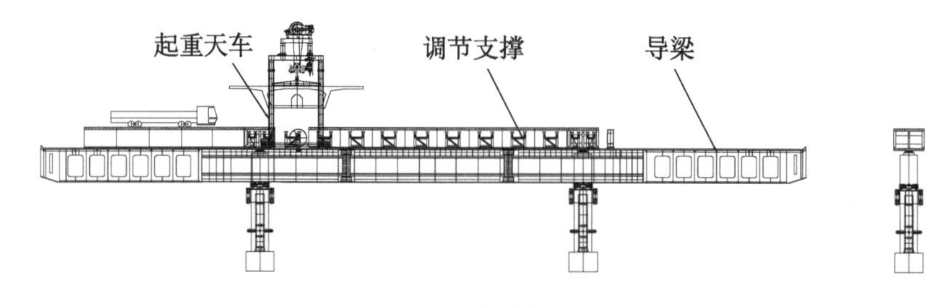

图5-7 下行式架桥机

桥面吊机适用于大跨度悬臂拼装且无边跨悬臂合龙的桥梁，但对于梁跨较多的结构需要多次安装拆除。桥面吊机如图5-8所示。

地面起重设备主要包括履带式起重机和汽车式起重机、门式起重机等。履带式起重机安装节段梁如图5-9所示。

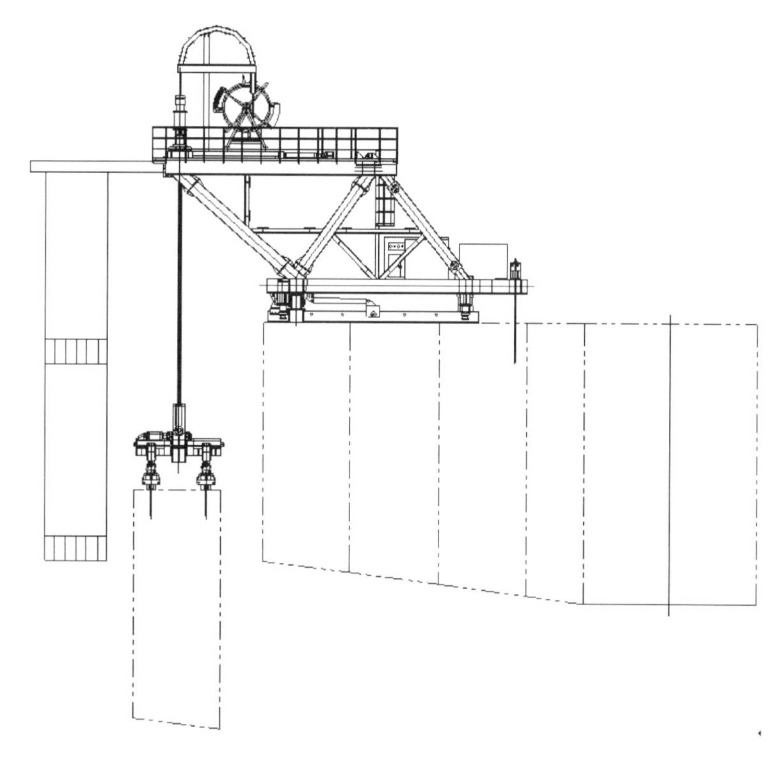

图 5-8　桥面吊机

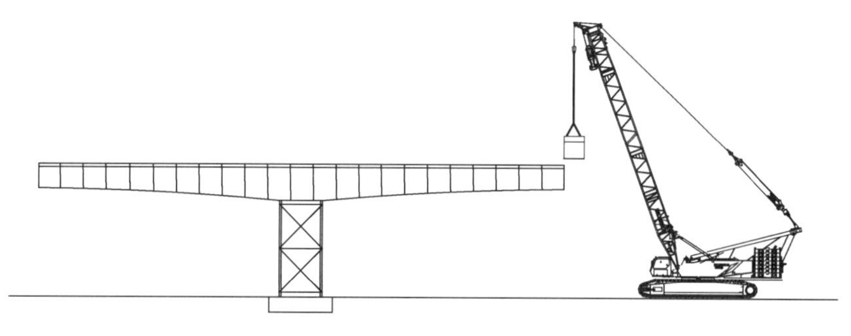

图 5-9　履带式起重机

5.5.2　拼装过程中涉及节段梁的提升环节，均应满足下列要求：

1　应根据设计要求选择节段梁提升方式；设计无要求时，可根据现场施工环境、结构特征选择合理的节段梁提升方式，并取得设计认可后方能实施。

2　节段梁提升应缓慢、匀速，提升速度宜限制在 2m/min 内。

3　提升或旋转作业时，应暂时封闭作业影响范围内的道路交通或水路通航。开放交通时，节段梁底部最低点应满足净空要求。

4　采用上行式架桥机施工时，节段梁宜错层悬挂，错层的节段梁个数及节段梁纵向间距应满足拼装工艺的要求。

条文说明

结合节段梁及吊具重量，选择合适的起吊设备，提升需匀速缓慢进行。节段梁吊点应根据梁段重量、梁体结构尺寸、配筋等情况计算确定。通过在梁段上预埋吊装孔，可以安装精轧螺纹钢筋作为吊杆，吊点布置参考图5-10。

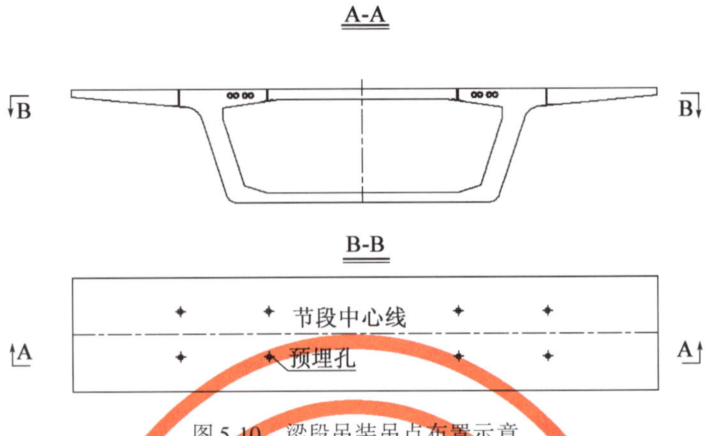

图5-10　梁段吊装吊点布置示意

用于梁段吊装的吊具需具备多向调节功能，以满足梁段拼装时精确调位需要，常见吊具结构形式如图5-11所示。

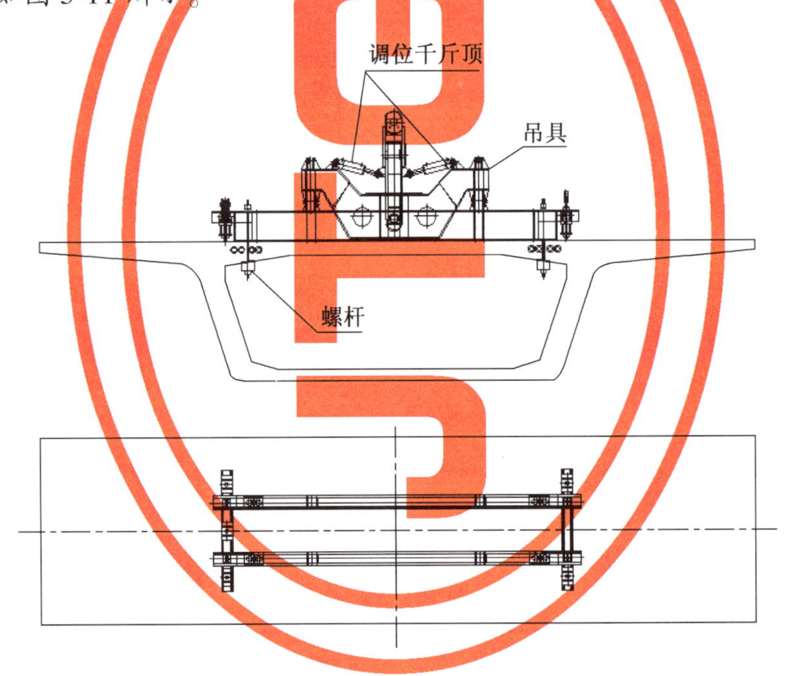

图5-11　梁段吊装吊具示意

拼装吊具的吊点设置需具备多样性或可调性，以满足所有梁段的吊装要求。对梁段与吊具间的吊杆需施加一定预应力，使吊具与梁段形成整体。

5.5.3　胶接缝施工应满足下列要求：

1　设计未规定时可采用单面涂胶，结构胶单面涂抹厚度不应小于3mm，且应涂抹均匀；结构胶应采用机械拌和，涂抹方式应根据结构胶的产品特性确定，在冬季低温条件下使用结构胶时应采取保温措施。

2　拌制完的结构胶应在45min内涂抹完毕，并在60min内完成节段梁拼装。

3　结构胶初步固化时间应大于2h，并在24h内完全固化达到胶结强度。

4　施加临时预应力时，结构胶应在梁体的全断面挤出。

5　应对孔道口做好防护，防止结构胶进入预应力孔道，每个节段梁拼装完成后应适时通孔。

6　节段梁的拼装、临时预应力张拉、节段梁固定及结构胶挤出后的清除工作，都应在结构胶固化之前完成。

7　当拼装涂抹作业下方开放交通时，必须在车道上方设置防结构胶滴落的设施。

8　相邻预制节段梁宜在孔道口设置弹性密封圈。

5.5.4　当采用悬臂拼装法施工时，应满足下列要求：

1　节段梁安装前宜进行试拼装。

2　节段梁拼装前应对匹配面进行检查，确保无尘土、油脂等污染物及松散混凝土与浮浆。

3　桥墩两侧的节段梁应对称提升，施工中悬臂两侧最大不平衡力应满足设计规定。

4　拼装施工全过程应进行施工监控，复核箱梁节段梁的轴线和高程，并按安装线形及时调整。

5　边跨节段梁采用悬挂施工时，应满足本规范第5.5.5条的要求。

5.5.5　采用整孔拼装法施工时，应对首节段的空间位置进行精确调位，调位精度达到本规范第5.6.9条的首节段验收要求后，应对其进行临时固定。

条文说明

每一跨内首节段的空间定位误差将对整跨梁段的线形产生较大影响，甚至可能产生较大的上翘、下挠或轴线偏移，使施工难以继续进行。首节段的定位精度对整跨节段安装精度至关重要。

为保证首节段安装的空间位置，在调位结束后，对其进行临时固定。但根据以往的施工经验来看，若首节段临时固定刚度太大，后续节段安装过程中，在临时固定处会产生较大力矩，造成箱梁顶板预埋钢板处混凝土开裂或压碎。在后续节段安装过程中，要弱化临时固定措施。

5.5.6　临时预应力施工，应满足下列要求：

1　应根据节段梁断面形式均匀布置临时预应力。

2　临时预应力的张拉力应符合设计要求；设计无要求时，临时预应力在梁段拼缝截面产生的正压应力宜为0.3MPa。

3　临时预应力筋材料宜采用预应力精轧螺纹钢筋，张拉时应拧紧张拉螺母。

4　施工过程中发现临时预应力筋、锚具有损伤或有疑问时，应立即停止施工，并予以调换。

5　临时预应力筋应在当前节段梁永久预应力束张拉完成后方可拆除。

条文说明

临时预应力主要通过设置在梁段顶、底板上的钢齿坎或剪力锥结构传递给梁段。剪力锥及钢齿坎布置如图5-12所示。

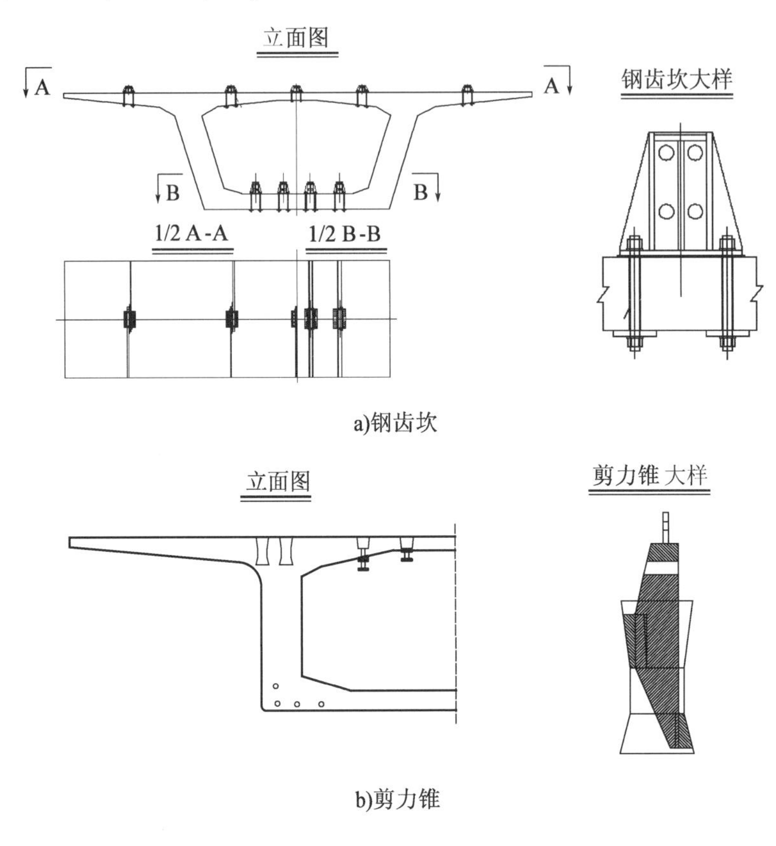

图5-12　剪力锥及钢齿坎布置

5.5.7　永久预应力施工，应满足下列要求：

1　梁段拼装完成，结构胶强度符合设计要求之后，方可进行永久预应力张拉。张拉完成后，应立即对预应力孔道进行压浆和封锚。

2　采用的预应力锚具、夹具和连接器性能和质量应符合现行《预应力筋用锚具、夹具和连接器》（GB/T 14370）的要求。

5.5.8　体外预应力施工，应满足下列要求：

1　体外束锚端应按顺序安装工作锚、夹片、反力架、顶压器和千斤顶。

2　体外预应力束可采用单孔千斤顶逐根张拉。

3　体外预应力筋的张拉顺序应符合设计要求；设计无要求时，可按先长束后短束、先中间后两边、左右对称的要求进行张拉。

4　钢绞线锚固后的预留长度应满足设计要求；设计无要求时，预留长度应满足后期钢绞线调校、更换所需工作长度。

5.5.9 吊装孔等临时孔洞应在使用完毕后及时清理，并采用符合设计要求的灌浆料填补。

5.5.10 合龙段施工应满足下列要求：

1 合龙的顺序应符合设计规定。

2 合龙施工前应对两端梁段轴线、高程进行观测，并应根据实际观测值进行合龙施工计算，确定合龙程序和调整参数。

3 对合龙口两侧梁段采用施加水平推力的方式调整梁体时，千斤顶施力应对称、均衡。

4 预应力管道连接应在合龙施工前进行，并应封堵波纹管与梁段间缝隙，避免灌浆时漏浆。

5 合龙段混凝土模板安装应与主梁紧密贴合，避免混凝土浇筑时漏浆。

6 合龙段混凝土强度和弹性模量达到设计要求后，方可进行永久预应力张拉施工；设计无要求时，混凝土强度不得低于设计强度的80%，弹性模量不得低于设计值的80%。

7 合龙段混凝土浇筑应选择当天气温最低且稳定时段进行。

8 合龙完成后应按设计文件规定的程序完成体系转换。

条文说明

跨中合龙形式一般分为两种，即“一道湿接缝”和“双湿接缝+预制合龙段”，如图5-13、图5-14所示。

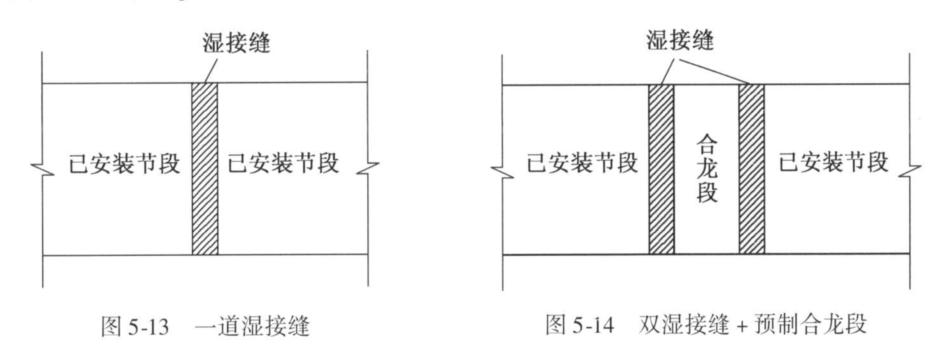

图5-13 一道湿接缝　　图5-14 双湿接缝+预制合龙段

5.6 施工控制

5.6.1 采用短线法预制节段梁拼装上部结构施工时，应对其施工全过程进行控制，成桥后的线形、内力应符合设计要求。

条文说明

本节适用于短线法施工控制，对于采用短线法节段预制拼装工艺的结构，施工过程控制是保证节段预制拼装箱梁能够按设计期望成功建成的一项必要措施。同时施工控制的方法需根据结构特点、施工方案和环境条件等因素综合选择确定。

5.6.2 用于施工控制的理论数据应满足下列要求：

1 应根据设计图纸、预拱度编制几何控制点理论数据库，指导节段梁预制。

2 预拱度计算应符合现行《公路钢筋混凝土及预应力混凝土桥涵设计规范》（JTG 3362）的规定。计算过程中涉及结构参数，宜采用现场实测值；无实测值时，可采用设计值。

5.6.3 宜采用牢固的定制测点。当测点为测量钉时，测量钉距离节段划分面的最短距离不宜小于10cm。

条文说明

根据以往施工经验，为便于施工控制实施，每榀预制节段梁设置6个几何控制点（图5-15），沿节段梁中心线的2个测点（FH&BH）用来控制平面位置，沿腹板设置的4个测点（FL，FR，BL&BR）用来控制高程。沿腹板位置布置高程控制点是为减小或杜绝高程控制点在施工过程中发生局部变形，影响控制实施。

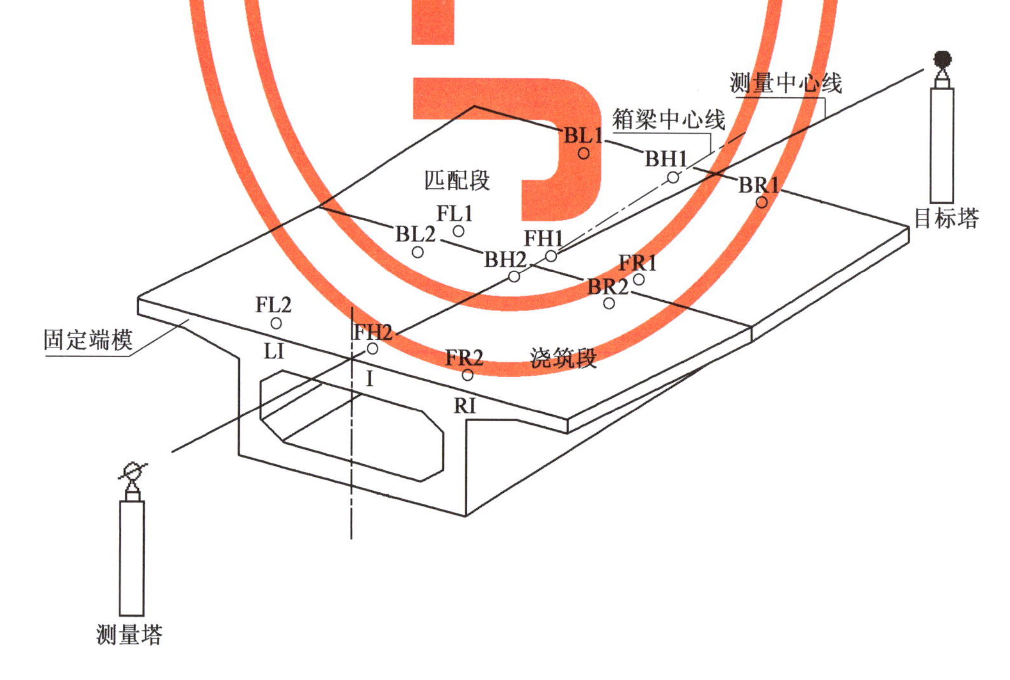

图5-15 测点布置

对不方便布置6个测点的结构，如U形梁，也可仅沿腹板设置4个测点（FL，FR，BL&BR）。

5.6.4 平面控制测量宜采用全站仪，高程测量宜采用水准仪，测量仪器经有关部门检定合格后方可使用。仪器测量精度应满足线形控制要求，同时还应满足下列要求：

1 长度测量精度控制在1.0mm以内。

2 水准测量精度控制在0.5mm以内。

5.6.5 预制节段梁测量应符合下列规定：

1 避免在高温时段或者6级以上大风条件下进行测量，应在温度相对稳定时进行测量。

2 定期通过预制场内的固定控制点复测测量塔及固定端模。

3 测量塔采用钢管柱时，应采用外包混凝土或内填混凝土，增大钢管柱刚度，同时测量塔应避免受阳光直射，减小因温差变形产生的测量误差。

4 在测量塔上搭设遮阳棚，避免阳光直射仪器。

5 数据采集时宜采用两人独立观测，获得两组独立数据，并取平均值，以降低测量误差。

6 宜采用高精度测量仪器，能够对在超出测量精度要求的气象条件下工作提出警示，并自动停止工作；同时按相关测量规范规定定期对测量仪器进行检查和校正。

5.6.6 应根据施工控制计算结果对匹配梁段进行精确调位，其几何测点的定位与其目标位置的误差应符合下列规定：

1 沿节段梁中线的几何控制点的平面偏差应小于2mm。

2 沿腹板的几何控制点的高程偏差应小于1mm。

5.6.7 箱梁节段拼装过程中，拼装控制点与节段梁预制时几何控制点应相同，节段梁安装理论数据应考虑下列因素：

1 墩柱结构及基础预抬值；

2 墩柱结构及基础施工阶段变形值；

3 上部箱梁结构分阶段变形值。

条文说明

墩柱结构及基础预抬值包括墩身结构及基础弹性压缩的预拱值，且需在施工永久支座垫石时进行修正，计入墩身结构及基础弹性压缩的影响。

5.6.8 节段梁拼装过程中，应根据理论安装线形及线形误差对后续安装梁段采取纠偏措施。

条文说明

根据以往经验，节段梁采用匹配预制工艺施工时，前一节段梁已安装完成并产生偏差，通常采用添加垫片的方式对后续节段梁安装进行纠偏。垫片需采用环氧树脂材质，避免采用钢垫片。采用垫片纠偏时垫片需分散在多个接缝处，单个接缝处垫片厚度一般不超过5mm，避免垫片过厚引起漏浆及影响结构耐久性，且纠偏后需对拼接缝和灌浆时漏浆情况进行检查。

5.6.9 采用整孔拼装工艺施工的箱梁，箱梁节段在安装过程中，应及时检查验收，其误差标准应满足下列要求：

1 每跨首块节段梁安装验收标准应符合表5.6.9-1的要求。

表5.6.9-1 每跨首块安装验收标准

项 目	验收标准
立面高程（mm）	同向±3
中心线偏位（mm）	同向3
横向坡度（rad）	±0.001
纵向坡度（rad）	±0.003

注：同向是指单榀节段梁上某测量项目的不同测点偏差值正负号相同或偏向同一方向。

2 其他节段梁安装验收标准应符合表5.6.9-2的要求。

表5.6.9-2 其他节段梁安装验收标准

项 目	验收标准
立面高程（mm）	±10
中心线偏位（mm）	10
纵向长度（mm）	±20
横向坡度（rad）	±0.001
纵向坡度（rad）	±0.003
拼缝错台（mm）	3

5.6.10 采用对称悬拼工艺施工时，箱梁节段在安装过程中，应及时检查验收，其质量标准应满足下列要求：

1 墩顶块安装验收标准应符合表5.6.10-1的要求。

表5.6.10-1 墩顶块安装验收标准

项 目	验收标准
立面高程（mm）	同向±3
中心线偏位（mm）	同向3
横向坡度（rad）	±0.001
纵向坡度（rad）	±0.003

2　其他节段梁安装验收标准应符合表5.6.10-2的要求。

表5.6.10-2　其他节段梁安装验收标准

项　　目	验收标准
立面高程（mm）	±10
中心线偏位（mm）	10
纵向长度（mm）	±10
横向坡度（rad）	±0.001
纵向坡度（rad）	±0.003
拼缝错台（mm）	3

3　合龙口两侧允许误差应符合表5.6.10-3的要求。

表5.6.10-3　合龙口两侧允许误差

项　　目	允许误差（mm）
立面高程	同向±20
中心线偏位	同向20

条文说明

5.6.9～5.6.10　节段梁拼装施工监控主要思想是：①控制拼装当前节段梁的空间位置；②通过预制阶段的数据和当前拼装节段梁的空间位置，推测最后一个节段梁的位置偏差。只有当以上两个条件都符合要求时，才算合格，否则要考虑进行一定的拼装调整。

5.6.11　采用悬臂拼装法施工时，每联节段梁完成后，应及时进行检查验收，其质量标准应满足表5.6.11的要求。

表5.6.11　对称悬臂拼装施工节段梁质量标准

项　　目		规定值或允许偏差（mm）
湿接头、合龙段混凝土强度（MPa）		在合格标准内
轴线偏位（mm）	$L \leq 50$m	20
	$L > 50$m	L/2 500，且不大于30
顶面高程（mm）	$L \leq 50$m	20
	$L > 50$m	L/2 500，且不大于±30
	相邻节段梁高差	3

注：L为桥梁跨径，单位以mm计。

5.6.12　整跨节段梁拼装施工每联连续箱梁或每跨简支箱梁完成后，应及时进行检查验收，其质量标准应符合表5.6.12的要求。

表 5.6.12 整跨拼装施工节段梁质量标准

项目		规定值或允许偏差
湿接头、合龙段混凝土强度（MPa）		在合格标准内
轴线偏位（mm）	$L \leqslant 50$m	10
	$L > 50$m	$L/5\,000$，且不大于 20
顶面高程（mm）	$L \leqslant 50$m	±10
	$L > 50$m	$L/5\,000$，且不大于 ±20
	相邻节段梁高差	3

6 节段拼装波形钢腹板组合梁

6.1 一般规定

6.1.1 本章适用于波形钢腹板组合梁桥节段预制拼装施工。

6.1.2 波形钢腹板组合梁节段可采用长线法或短线法预制。标准节段长度确定除应考虑结构受力、吊装能力、工期要求外，尚应与波形钢腹板标准波长相协调。

条文说明

由于长线法预制与常规现浇工艺较为类似，本章主要针对波形钢腹板组合梁节段短线法预制施工。通过对目前国内外波形钢腹板桥梁结构设计的统计分析表明，当主梁跨径大于40m时，通常采用1600型波形钢腹板。为方便波形钢腹板组合梁节段预制拼装（该工艺适应跨径一般为40m以上），标准节段长度通常定为一半波长的整数倍，如1.6m、2.4m、3.2m、4m、4.8m等，且接头设置在波形钢腹板的平幅上。

6.1.3 施工前应根据波形钢腹板与混凝土顶底板、波形钢腹板节段之间的连接构造以及节段预制工艺特点制定钢混结合区混凝土防裂、控裂等措施。

条文说明

波形钢腹板组合梁节段预制完毕后需在场地存放较长时间，经历外部环境变化，可能在钢混结合区等产生微裂缝，需结合预制工艺、连接构造特点等方面考虑混凝土防裂、控裂等措施。

6.1.4 波形钢腹板组合梁节段预制拼装施工过程中应对波形钢腹板制造、组合梁节段预制及拼装等进行全过程的施工监控，确保结构内力及线形满足设计要求。

6.1.5 波形钢腹板制造除应符合现行《组合结构桥梁用波形钢腹板》（JT/T 784）的规定外，尚应符合下列规定：

1 应严格按制造线形加工，并按短线匹配法预制工艺进行切割。

2 波形钢腹板节段制造完毕后，宜按拼装工艺进行半跨或全跨预拼装。

3　预拼装完毕后，波形钢腹板节段间应设置临时匹配件，便于波形钢腹板在组合梁预制拼装过程中的精确复位、匹配。

4　波形钢腹板应在翼缘板上设置高程、轴线等测量控制点，以方便线形控制。

条文说明

采用短线法预制的波形钢腹板组合梁节段，其波形钢腹板制造线形需满足在短线法预制台座中定位安装的要求：首节波形钢腹板两端均需垂直于固定（浮动）端模，在固定端模侧（即预制前进方向）需垂直固定端模，如图6-1所示。

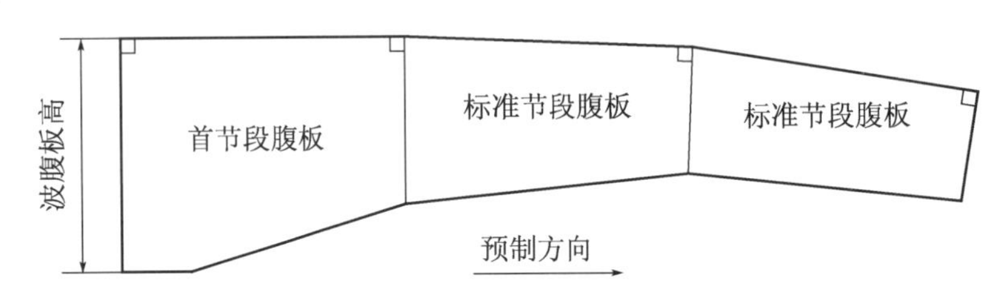

图6-1　波形钢腹板制造线形

6.1.6　波形钢腹板出厂检验（外观质量、加工精度、焊接质量、防腐涂装等）、运输和存放应符合现行《组合结构桥梁用波形钢腹板》（JT/T 784）、《公路桥涵施工技术规范》（JTG/T 3650）、《公路桥梁钢结构防腐涂装技术条件》（JT/T 722）的相关规定。

6.2　节段预制

6.2.1　波形钢腹板组合梁节段预制场地及生产线布置除应符合本规范第5.2.1条相关规定外，尚应考虑波形钢腹板场内堆存及入模方式等要求。

6.2.2　波形钢腹板组合梁节段预制模板系统设计除应符合本规范第5.2.3条相关规定外，尚应符合下列规定：

1　固定端模应在腹板区域设置活动块，方便波形钢腹板下放入模。

2　固定（浮动）端模、侧模应布置波形钢腹板三向调位及定位工装。

3　波形钢腹板与箱梁顶底板结合部应设止浆措施，避免混凝土浇筑过程中漏浆。

条文说明

模板系统对于短线匹配预制至关重要，在波形钢腹板组合梁节段预制模板系统（图6-2）设计中需要考虑以下几点：①与普通混凝土节段梁相比，波形钢腹板组合节段梁预制过程中增加了波形钢腹板安装工序，且安装定位精度要求高；②波形钢腹板相邻节段间采用对接焊或螺栓连接方式，其间隙通常不大于2cm，在待浇节段两端固定端模或匹配梁完成定位的情况下，波形钢腹板入模难度大；③钢混结合区连接构造复杂，混凝土浇筑质量难以保证，对模板密封性要求高。

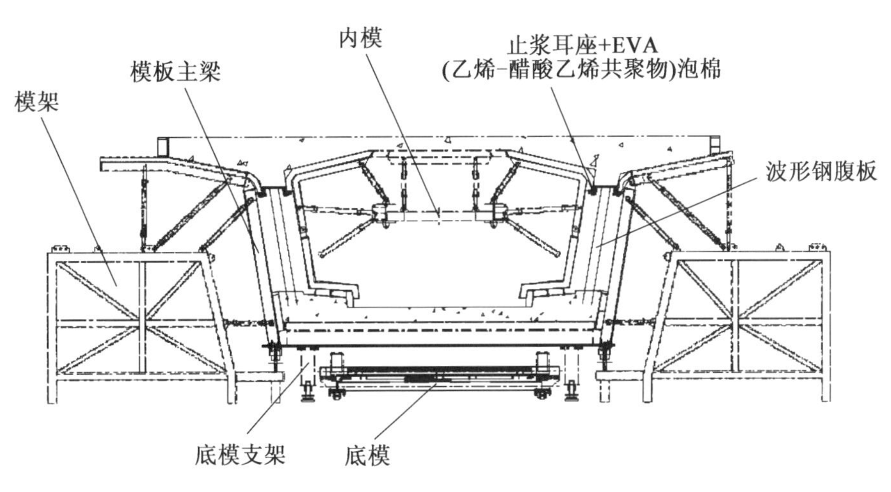

图 6-2　波形钢腹板组合梁节段预制模板系统

6.2.3　波形钢腹板组合梁节段钢筋骨架应根据结构尺寸、连接构造等特点选择适宜的入模方式。

条文说明

波形钢腹板组合梁节段钢筋骨架入模方式通常为分部入模和整体入模。分部入模流程为：底板底层钢筋吊装→波形钢腹板吊装定位→波形钢腹板贯穿钢筋调整、固定→底板顶层钢筋安装→顶板钢筋笼吊装→波腹板顶部贯穿钢筋安装。整体入模则为顶底板钢筋笼与波形钢腹板制作为整体后吊装入模。

6.2.4　当混凝土顶底板钢筋与波形钢腹板分部入模时，应符合下列规定：

1　混凝土顶底板钢筋笼应在专用胎架上制作，并采用多点吊装入模；对于不便整体吊装入模的钢筋笼可在预制台座内绑扎成型。

2　对于被钢混连接件或波形钢腹板断开的区域可增加辅助连接钢筋，钢筋连接形式如图 6.2.4 所示，提高顶底板钢筋笼吊装时的整体稳定性，减少吊装过程中的变形。

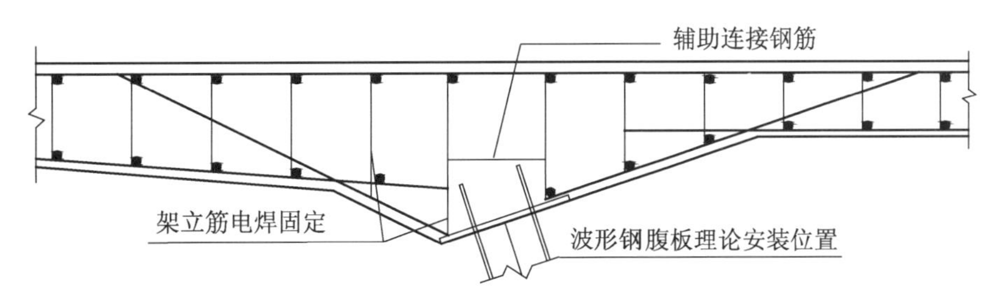

图 6.2.4　顶板钢筋骨架辅助连接钢筋示意

条文说明

为提高施工效率，顶底板钢筋笼尽量采用整体制作安装工艺。当采用开孔板连接形式时，顶底板与波形钢腹板间需在钢筋骨架组拼完成后贯穿连接钢筋，顶底板钢筋笼整体吊装前需在钢混连接区域增加辅助连接钢筋。建议预先形成网片钢筋后吊装入模，尽量缩短钢筋绑扎占用台座的时间。

6.2.5 当混凝土顶底板钢筋与波形钢腹板整体入模时，应符合下列规定：

1 混凝土顶底板钢筋与波形钢腹板的组装应在专用胎架上进行，该胎架应具备波形钢腹板初定位功能。

2 整体骨架吊装前，应做好横向多道波形钢腹板间、波形钢腹板与顶底板钢筋笼之间的临时连接，钢筋笼与波形钢腹板应避免焊接。

3 整体骨架吊装时，应在顶底板钢筋笼内和波形钢腹板上设置多个吊点，减少吊装过程中的变形。

6.2.6 钢混连接用贯穿钢筋安装与定位应符合下列规定：

1 对于在绑扎胎架或预制台座难以安装的贯穿钢筋，可提前将其安装于波形钢腹板中，随波形钢腹板入模后进行精确定位，并与顶底板钢筋笼连接为整体。

2 贯穿钢筋宜居中于钢板贯穿孔，安装偏差不应超过5mm，且应垂直于开孔板并定位牢固。

条文说明

目前波形钢腹板组合梁中应用较多的抗剪连接件包括埋入式连接件（图6-3）、开孔钢板连接件等，施工过程中均需在波形钢腹板预留孔中贯穿钢筋。

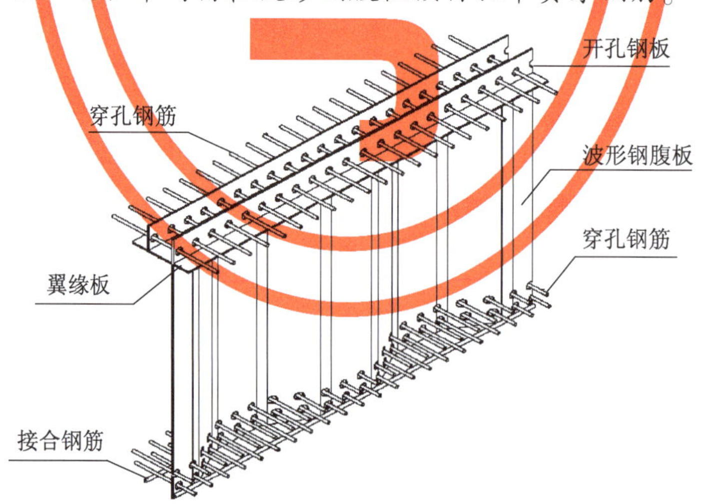

图6-3　典型波形钢腹板组合梁钢混连接件

6.2.7 波形钢腹板安装应符合下列规定：

1 吊装前，应核对波形钢腹板设计编号，并应检查出厂合格证及材料的质量证明书。

2　吊具的刚度应满足吊装需要，吊点应均匀布置，便于波形钢腹板竖直进入胎架或模板。

3　起吊安装波形钢腹板时，应轻吊轻放，支垫平稳，并应防止触碰连接件。

4　安装过程中不应进行临时性的焊接和切割作业，确有需要时，应经论证批准后方可实施。

6.2.8　波形钢腹板预制台座内精确定位时应符合下列规定：

1　一个预制单元中的首节段波形钢腹板可通过模板系统进行调位及定位，标准节段波形钢腹板可通过临时匹配件与相邻已预制完成段波形钢腹板连接固定，各个匹配件间应紧密贴合并打入冲钉。

2　波形钢腹板应整体调位，避免波形钢腹板断面发生扭曲。

3　波形钢腹板定位后，应再次进行定位复测，并确保定位措施能有效控制波形钢腹板在浇筑过程中的移位。

6.2.9　波形钢腹板定位标准应符合表6.2.9的规定。

表6.2.9　波形钢腹板定位标准

序号	项　　目	规定值或允许偏差（mm）	检查方法
1	波形钢腹板轴线偏位	±2	沿节段长度方向测量2处
2	波形钢腹板横桥向垂直度（斜率）	1/500	沿高度方向选顶底部测量2处
3	波形钢腹板纵桥向坡度	1/1 000且不大于2/L（L为节段长度）	沿节段长度方向测量2处
4	内外侧波形钢腹板间距偏差	±3	沿节段长度方向测量2处
5	内外侧波形钢腹板高差	±3	沿节段长度方向测量2处
6	相邻波形钢腹板节段间接缝宽度偏差	±2	沿腹板高度方向选顶底部测量2处

条文说明

由于波形钢腹板的线形在制造时确定，在波形钢腹板组合梁节段短线匹配预制过程中，波形钢腹板的安装定位偏差会累积到后续节段并呈放大趋势，参考已有工程经验，本规范增加规定了波形钢腹板纵桥向坡度、节段间接缝宽度偏差两项控制标准。

6.2.10　波形钢腹板组合梁节段钢混结合区混凝土浇筑除应满足现行《公路桥涵施工技术规范》（JTG/T 3650）等相关技术要求外，尚应符合下列规定：

1　当混凝土顶板与波形钢腹板采用埋入式连接时，应在模板与波形钢腹板之间预留40mm左右的间隙，并在其内填充止浆材料。

2　当混凝土底板与波形钢腹板采用埋入式连接时，应符合下列规定：

1）应制订合理的混凝土拌合物布料顺序，尤其对于底板结合区。

2）应首先在承托位置内侧布料，振捣密实后，必须及时向承托外侧补料，严禁从内侧直接赶料。

3　当混凝土顶板与波形钢腹板采用翼缘式连接时，应确保钢顶板四周与模板或匹配梁之间均密封完好。

4　当混凝土底板与波形钢腹板采用翼缘式连接时，应在翼缘钢板开设多个排气孔，保证混凝土浇筑密实。

5　混凝土振捣过程中应避免损伤栓钉、开孔板等连接件。

6　当采用开孔板连接件时，结合区混凝土粗集料宜采用5～20mm连续级配碎石，最大粒径不应超过25mm。

条文说明

钢混结合区由于普通钢筋、预应力管道、连接件之间相互干扰影响，且波形钢腹板与混凝土顶底板通过各种形式连接件连接，其构造复杂，浇筑振捣困难，因此结合区混凝土的浇筑是控制预制质量的关键。

（1）波形钢腹板与顶板采用埋入式连接件时，施工时需要注意：①为浇筑顶板混凝土，需按图6-4所示波纹形状加工方法制造模板；②为吸收钢板厚度以及弯曲半径制造偏差，模板和波形钢腹板之间需要留有一定的间隙，并在安装模板时同步在间隙内填充橡胶来防止漏浆。

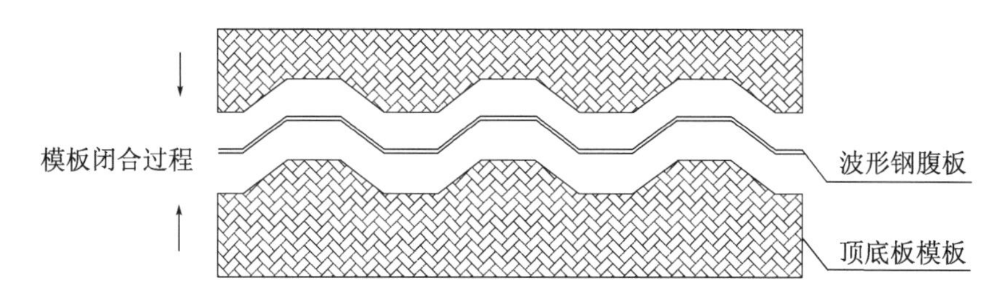

图6-4　考虑钢腹板波形的结合区模板

（2）波形钢腹板与底板采用埋入式连接件时（图6-5），底板布料顺序为：①底板中央；②被波形钢腹板隔开的箱室内侧承托；③被波形钢腹板隔开的箱室外侧承托。

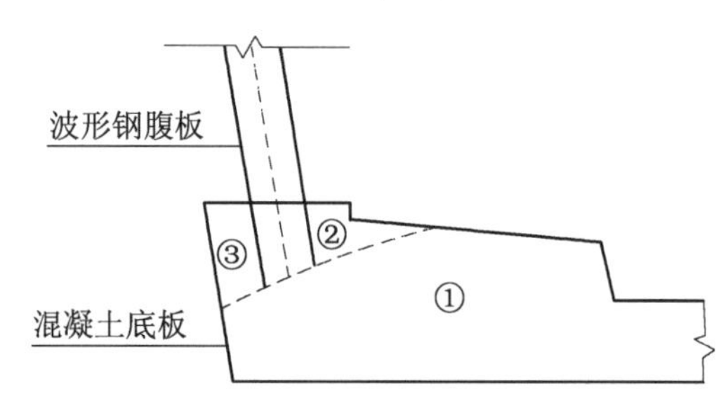

图6-5　采用埋入式连接的底板混凝土布料顺序

（3）波形钢腹板与顶板采用翼缘式连接件时，钢顶板兼作顶板混凝土浇筑的底模，但考虑到钢顶板、模板存在制造误差，导致两者之间难以密贴，且钢顶板端部与端模、匹配梁间均需预留一半波形钢腹板接缝缝宽等，需要在钢顶板四周采取图6-6所示的止浆措施。

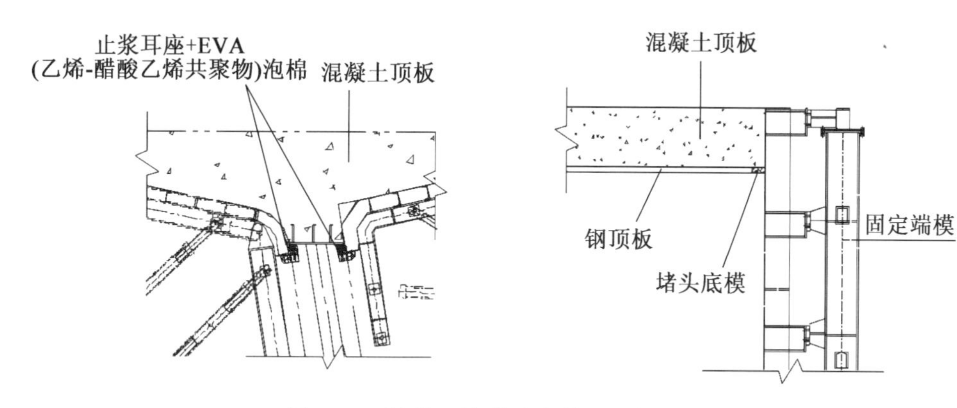

图6-6 采用钢顶板作为底模的止浆措施

（4）波形钢腹板与底板采用翼缘式连接件时，钢板下方结合区混凝土浇筑质量难以把控，需在翼缘钢板开设多个排气孔，同时提高混凝土工作性能，确保浇筑密实。

6.2.11 波形钢腹板组合梁节段脱模、拆分以及养护除应符合本规范第5章的相关规定外，尚应符合下列规定：

1 混凝土抗压强度达到设计强度的75%且弹性模量达到设计弹性模量的75%后方可脱模。

2 钢混结合区混凝土宜保温保湿养护7d以上，对于波形钢腹板与底板的连接区域应事先采用密封材料进行封闭处理。

条文说明

相对于常规混凝土节段梁，波形钢腹板组合梁顶板由波形钢腹板支撑，其抗弯刚度较小，若脱模过早，可能产生影响节段匹配预制质量的竖向挠曲变形，同时也带来内模与匹配梁不能密贴而出现的漏浆问题。如图6-7所示，在匹配预制n号块时，$n-1$号块顶板中央发生竖向变形Δ，该变形将导致n号块梁面实际线形为虚线所示；同样地，在匹配预制$n+1$号块时，n号块顶板中央继续发生竖向变形Δ，$n+1$号块梁面实际线形为点划线所示。如此，n号块进入存放台座后，箱梁中央处梁高将比理论梁高减少2Δ，而悬臂端处梁高则会增大相应数值。根据南京五桥等变形实测数据，在混凝土弹性模量达到50%、75%时进行拆模，顶板中央处竖向位移Δ分别为4.6mm、2.2mm。

6.2.12 波形钢腹板组合梁节段预制质量控制标准应符合本规范第5.2.10条相关规定。

6.3 存放与运输

6.3.1 波形钢腹板组合梁节段吊装、堆存及运输前，宜开展下列计算分析及专项设计：

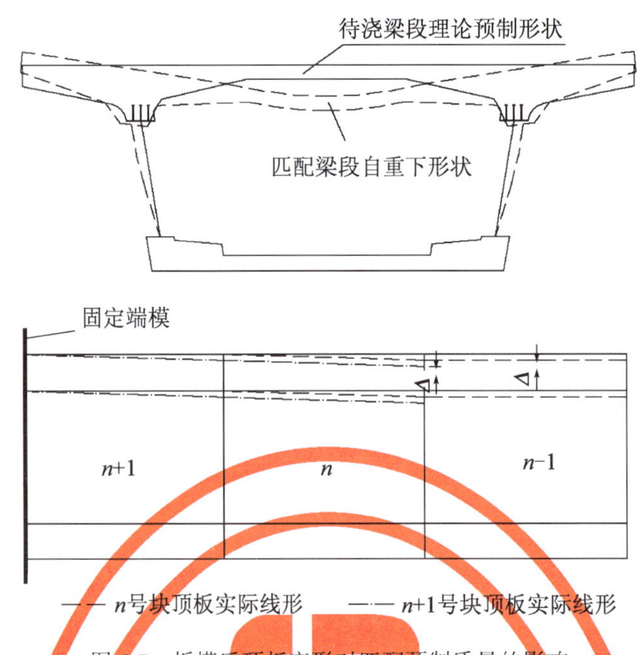

图 6-7　拆模后顶板变形对匹配预制质量的影响

1　吊装过程分析：确定吊点布置，并对吊具进行专门设计，避免吊装过程受力不均。

2　多层堆存分析：确定支点布置，并提出控制存梁期截面周边残余变形的措施。

3　分析节段重量、支点不均匀沉降、运输过程中振动等对组合梁节段不利影响，必要时可在箱室内布置交叉刚性支撑等增强构造，提高节段横向抗弯以及空间抗扭刚度。

条文说明

相对于常规混凝土节段梁，波形钢腹板组合箱梁节段空间效应更为显著，需对梁段吊装、运输和堆存过程进行全面分析并提出不利变形以及应力控制措施，如增设吊点、减少多层堆放、增加箱室内斜撑（图 6-8）等。

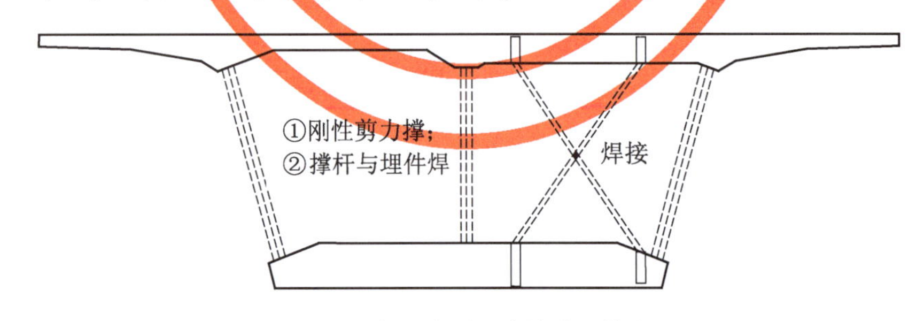

图 6-8　箱室内刚性支撑增强措施

6.3.2　波形钢腹板组合梁节段吊装除应符合本规范第 5 章的相关规定外，尚应符合下列规定：

1　混凝土抗压强度应在达到设计强度的 85% 后方可进行吊装作业，且应满足设计要求。

2　起吊时应确保吊点均匀受力，避免组合梁节段发生倾斜，并应采取有效措施保证节段不受到碰撞。

3　箱室内增强措施应在吊装前安装到位。

6.3.3　波形钢腹板组合梁节段叠放层数宜根据构件强度、台座地基承载力、支撑物强度及叠放稳定性等经计算确定，不应超过2层，且遵循由下至上梁段重量递减原则堆存。

6.3.4　波形钢腹板组合梁节段出运前应对箱梁截面尺寸以及顶板、波形钢腹板等变形进行复测。

6.4　节段拼装

6.4.1　波形钢腹板组合梁节段悬臂拼装、逐跨拼装等一般性施工工艺应符合本规范第5.4~5.6节的相关规定。

6.4.2　波形钢腹板组合梁节段腹板现场连接应符合下列规定：

1　波形钢腹板组合梁节段间临时预应力张拉完成后，应及时对钢腹板进行临时连接。

2　应采取必要措施减少节段间腹板接缝偏差，在内、外腹板位置，高度方向和宽度方向的拼缝错口不宜大于2mm。

3　采用高强螺栓连接或焊接连接的波形钢腹板组合梁，其工地现场连接的施工要求应符合现行《公路桥涵施工技术规范》（JTG/T 3650）的规定。

6.4.3　合龙段波形钢腹板加工及配切应符合下列规定：

1　根据设计尺寸留有余量制造合龙段波形钢腹板单元件。

2　选择合适温度环境反复观测合龙口实际尺寸，确定合龙段长度及高程，进行配切。

3　调整合龙口高程，并临时锁定合龙口。

4　合龙段波形钢腹板吊装到位，检测满足要求后连接。

6.4.4　波形钢腹板桥位二次防腐涂装应符合下列规定：

1　波形钢腹板的二次涂装应在桥梁主体施工完成后及时进行。

2　组合梁节段间连接处的涂装修复宽度应以焊接施工时不破坏相邻涂层为准，且涂装修复工艺应符合现行《公路桥梁钢结构防腐涂装技术条件》（JT/T 722）的规定。

6.4.5　波形钢腹板组合梁桥节段安装质量控制标准应符合本规范第5.6节的规定。

7 装配式钢混组合梁

7.1 一般规定

7.1.1 装配式钢混组合梁施工工艺和要求除应符合本规范的规定外，尚应符合现行《公路钢混组合桥梁设计与施工规范》（JTG/T D64-01）、《公路桥涵施工技术规范》（JTG/T 3650）的相关规定。

条文说明

本章主要规定了采用工厂化制造、现场拼装装配式钢板梁、钢箱组合梁两种桥梁结构的施工工艺及要求。

7.1.2 钢梁的制造和安装尺寸允许偏差及检验方法应符合现行《公路桥涵施工技术规范》（JTG/T 3650）的相关规定。

7.1.3 装配式组合梁按钢混组合时机可分为先安装构件后形成钢混组合、先钢混组合后安装两种形式。施工前应根据组合梁结构受力特性和设计确定的施工方法确定钢混组合形式。

条文说明

先安装构件后形成钢混组合、先钢混组合后安装组合形式示意如图 7-1 所示。

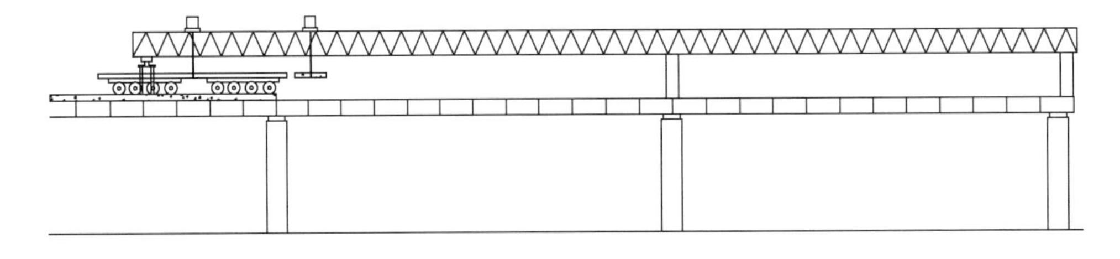

a)先安装构件后形成钢混组合

图 7-1 装配式组合梁不同组合形式

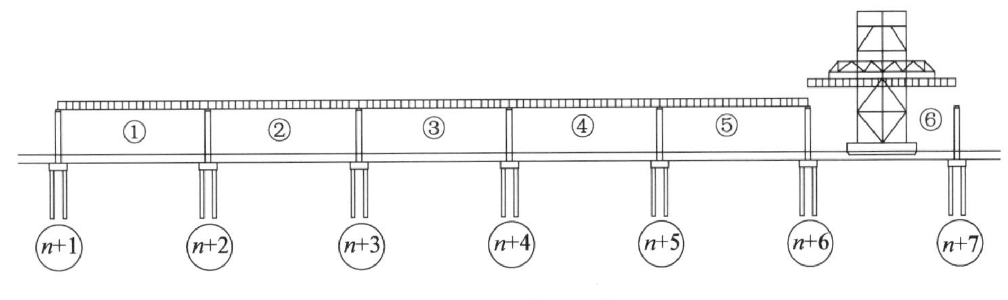

b)先钢混组合后安装

图 7-1　装配式组合梁不同组合形式

7.1.4　装配式钢混组合梁桥施工时，应对构件制造安装等关键施工过程进行施工监测。

7.2　桥面板预制

7.2.1　桥面板预制施工中，钢筋下料及绑扎、波纹管安装、模板工程、混凝土浇筑及养护、预应力张拉及压浆等一般性工艺应符合现行《公路桥涵施工技术规范》（JTG/T 3650）的相关规定。

7.2.2　桥面板预制时，模板、钢筋、预埋件安装及止浆措施应符合下列规定：

1　模板宜采用钢模板。模板安装后应对模板的安装质量进行检查，重点检查尺寸、拼缝及预留孔洞位置，且侧模上应开有钢筋定位槽口。

2　钢筋宜在胎架上整体绑扎成型。

3　为保证连接件与钢筋的准确匹配，应在底模上严格标出桥面板钢筋位置，并宜在板各边标示出连接件的相对位置。

4　对梳形板、预留孔洞、拼接缝等易漏浆部位，应采取有效的堵浆措施，宜使用强力胶条等进行止浆，严禁使用布条、海绵等止浆。

7.2.3　混凝土拌制、浇筑及养护应符合下列规定：

1　单块预制桥面板应一次浇筑完成，不设施工缝。

2　对于横向整块预制的桥面板，宜从较厚的埂肋处开始向两端交替对称下料。

3　浇筑混凝土时入模温度不应低于 5℃，且不宜高于 28℃。当日平均气温达到 30℃以上时应按高温施工要求采取措施。

4　混凝土桥面板的各个部分应振捣均匀、充分。

5　混凝土养护应分为预制区养护、存板区养护。在桥面板强度达到吊装要求后，应吊至存板区存放，且养护时间不得少于 14d。

6　为增强预制桥面板与现浇混凝土的连接，现浇混凝土结合面及板顶面应凿毛保证粗集料出露，凿毛深度不宜小于 5mm，宜采用高压水枪冲洗凿毛。

7.2.4 预埋件加工及安装应符合下列规定：

1 应针对不同类型桥面板制订预埋件清单，保证预埋件加工和安装准确无误。

2 预埋件应进行防腐处理。

3 预埋件加工和安装应严格考虑预埋件受力情况，保证后续构件安装及使用。

7.2.5 预制桥面板吊装、场内运输及存放应符合下列规定：

1 桥面板起吊时，吊点的位置应符合设计规定，设计无规定时，应通过计算确定吊点位置及数量，且吊点应不少于4个；桥面板吊装应配置相应的吊具，防止吊装受力不均产生裂纹；桥面板吊装时混凝土强度不应低于设计规定，设计未规定时不应小于85%设计强度。

2 预制桥面板应标明编号、重量、制作日期等，标志在规定醒目的位置。

3 预制桥面板应满足设计规定的存放时间；当设计无要求时，采用自然养护的预制桥面板存放时间不宜少于6个月，采用蒸汽养护的预制桥面板存放时间不宜少于3个月。

4 预制板存放台座应根据存放层数计算确定基础形式和深度。

5 当需要分层堆放时，存放层数应根据计算确定或按设计要求执行，应确保支点位置上下相对应布置，并采取相关安全可靠措施。

6 预制桥面板存放台座应坚固、稳定，且不得产生不均匀沉降。

7.2.6 桥面板预应力钢束的张拉宜在混凝土强度、龄期达到设计要求后进行；当设计无要求时，应根据施工控制计算确定预应力钢束的张拉时机和数量。

7.2.7 预制桥面板尺寸的允许偏差及检验方法应符合表7.2.7的规定。

表7.2.7 预制桥面板尺寸允许偏差及检验方法

实测项目	规定值或允许偏差（mm）	检查方法
板厚（脱模后）	±3	尺量
板长	±3	尺量
宽度	±3	尺量
板面对角线相对高差	±5	尺量
板底平整度（钢模板）	±1	尺量
板的侧向弯曲矢度	<5	尺量
外露钢筋的偏差	厚度方向±1.5	尺量
预应力管道中心位置偏差	±2	尺量
预埋件位置	±5	尺量
保护层厚度	±3	厚度检测仪检查

7.3 预制桥面板安装

7.3.1 预制混凝土桥面板安装应符合下列规定：

1 桥面板安装前，应将钢梁与桥面板接合面及剪力连接件表面清理干净，且钢梁与桥面板应采用可靠的连接方式，避免结合面出现脱空。

2 预制板安装后，应检查橡胶条四周是否压紧、密贴、鼓包，避免浇筑接缝混凝土出现漏浆现象。

3 预制板安装允许偏差应为 ±5mm，相邻两板错开量应小于 3mm。

条文说明

预制板桥面板安装前，一般采用橡胶条牢固粘贴在钢梁上翼缘的外侧，如图 7-2 所示。

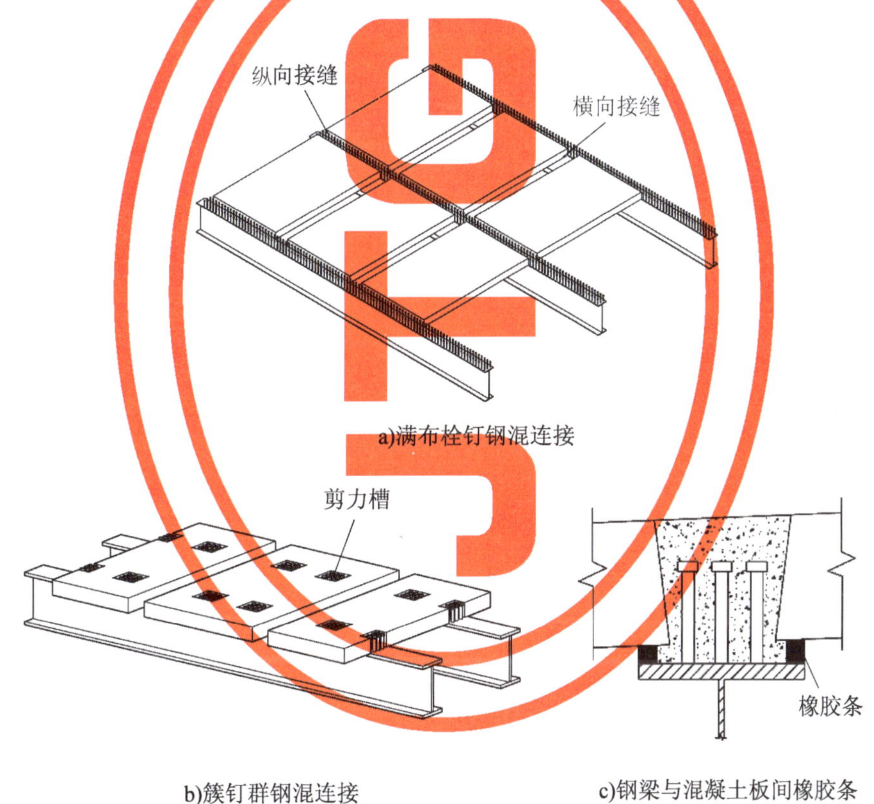

图 7-2 钢混结合面处理

7.3.2 当桥面板采用预制-现浇叠合板（图 7.3.2）时，预制桥面板应符合下列规定：

1 预制板的厚度应满足施工荷载作用下的强度、刚度要求。

2 预制板上表面应进行粗糙处理，凿毛深度不宜小于 5mm，确保预制板与现浇层的界面性能满足要求。

3 在桥面板湿接缝和钢-混凝土的结合部，不应出现混凝土脱空、不密实的现象。

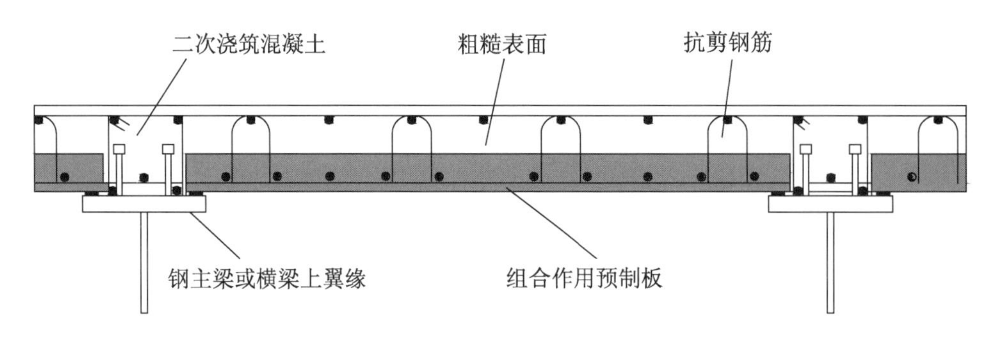

图 7.3.2　预制-现浇叠合板构造

7.3.3　预制桥面板安装时，剪力槽和湿接缝施工要求应符合下列规定：

1　剪力槽、湿接缝宜采用补偿收缩混凝土，其配合比应进行专门设计；剪力槽、湿接缝的浇筑时机和浇筑顺序应符合设计和施工控制的要求。

2　在剪力槽、湿接缝浇筑混凝土之前，应对在安装过中变形的连接钢筋予以校正和调直，对损坏的连接件和剪力钉等应进行修复，并应按设计要求进行连接钢筋的绑扎或焊接。

3　连接湿接缝处的预应力管道应保证其顺直、无弯折，对接头处的管道应包缠严密，使之不漏浆。

4　浇筑湿接缝混凝土时，应对其进行充分振捣；湿接缝混凝土的顶面宜比预制安装桥面板略高出 2 ~ 3mm；浇筑完成后，应对混凝土的顶面进行拉毛或采取其他增加粗糙度的处理措施。

5　剪力槽、湿接缝浇筑完成后，应及时对暴露在大气中的混凝土表面采取覆盖养护膜、涂刷养护剂或其他保湿养护措施，养护期不应少于 14d；对于负弯矩区的剪力槽、湿接缝，宜同时采取覆盖保温被等保温养护措施。

6　桥面板预应力钢束的张拉宜在湿接缝混凝土龄期达到设计要求后进行。

7　湿接缝混凝土的强度在未达到设计强度的 85% 之前，不得在桥面上通行车辆、堆放材料或进行影响其受力的其他施工作业。

7.3.4　当桥面板采用压型钢板-现浇混凝土板时，施工要求应符合下列规定：

1　压型钢板批量加工前，应根据设计要求的外形尺寸、波宽、波高等进行试制。

2　压型钢板运输过程中，应采取保护措施。

3　应验算压型钢板在施工阶段的强度和变形。当压型钢板在混凝土浇筑阶段挠曲变形超过设计要求时，应设置临时支撑。

条文说明

压型钢板-现浇混凝土板的施工工艺流程为：压型钢板加工制作→压型钢板安装→栓钉焊接→钢筋绑扎→混凝土浇筑→混凝土养护。

7.4　装配式组合梁安装

7.4.1　装配式组合梁的安装应包括支架法安装、整跨安装、顶推安装等施工工艺。

条文说明

三种工艺示意如图7-3所示，其中整跨安装工艺也常采用汽车式起重机或履带式起重机施工。

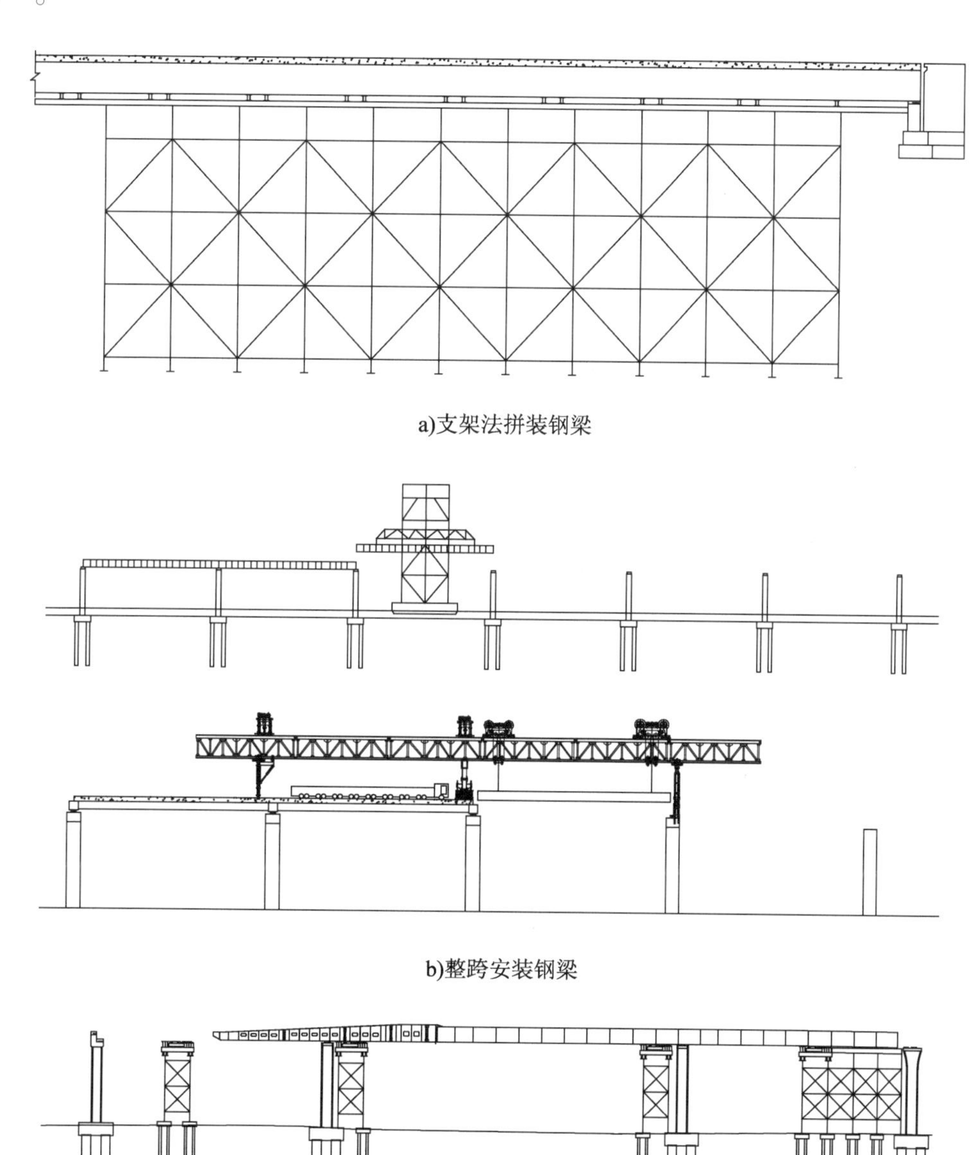

a)支架法拼装钢梁

b)整跨安装钢梁

c)顶推安装钢梁

图7-3　装配式组合梁施工工艺

7.4.2 装配式组合梁的钢梁采用少支架法安装时应符合下列规定：

1 用于安装的支架应进行专项设计。支架宜根据其结构形式、所用材料和地基情况的不同，在施工前确定是否进行预压，支架预压应符合现行《公路桥涵施工技术规范》（JTG/T 3650）的相关规定。

2 临时支座顶面应依据梁底纵坡调整角度，确保支垫密实稳定；坡度较大时宜对梁段采取斜撑或拉索等临时固定措施。

条文说明

当地基不满足要求时，通常采用换填、强夯、复合地基等方法进行加固。

7.4.3 装配式组合梁的钢梁采用整跨安装时应符合下列规定：

1 整跨安装施工所用桥面吊机、提升系统应进行专项设计，桥面吊机、架桥机应由有资质的专业厂家制造，并有出厂合格证。

2 用于提升的桥面吊机、提升系统使用前应进行全面安全技术检查，并进行1.25倍设计荷载的静荷和1.1倍设计荷载的动荷起吊试验，经验收合格后方可使用。

3 整跨安装宜在一天内完成，当天无法完成时，宜采取加固措施。

7.4.4 装配式组合梁的钢梁采用顶推安装时应符合下列规定：

1 顶推施工制订方案时应对顶推施工过程进行分析计算，保证桥墩、梁体及临时墩受力满足顶推施工要求，同时对桥墩变位进行实时观测，保证桥墩变位在设计规定范围内。

2 在主体工程墩顶上设置顶推设备时，应将墩顶的竖向力和水平力提供给主体结构设计单位，对桥墩变位及裂缝宽度等进行复核。

3 顶推应保证对称同步性，顶推过程中，应及时纠正横向和竖向偏差，应力和变形不得超过设计和监控允许的范围。

4 顶推过程中应对桥墩变位进行实时观测，保证桥墩变位在设计规定范围内。

7.4.5 预制桥面板在钢梁上的安装顺序应按设计要求确定；当设计无要求时，应根据结构受力要求确定。对于钢混组合连续梁，宜采用先跨中后支点的施工流程进行预制桥面板安装，以改善中墩负弯矩区混凝土桥面板受力。

条文说明

预制桥面板的安装可分为顺序安装和间断安装。采用顺序法浇筑桥面板时，后期浇筑的跨中桥面板荷载会在支座处产生负弯矩，此处已与钢梁结合的桥面板因此而受拉。跨度较小的组合结构梁桥，可以采用顺序法浇筑混凝土以方便施工。采用间断安装能改善桥面板受力，缺点是桥面板的施工不连续。

钢混组合连续梁桥的桥面板铺设等关键施工顺序，可参考图7-4。先铺设正弯矩区桥面板，再铺设负弯矩区桥面板，沿桥纵向对称铺设；桥面板铺设完成后，检查桥面板之间接缝尺寸及相邻桥面板的高差，再浇筑接缝，接缝浇筑次序与桥面板铺设顺序相同；浇筑剪力件槽孔，负弯矩区的槽孔最后浇筑，使该区的桥面板与钢梁最后形成组合结构，减少施工荷载及恒载在混凝土板内产生的拉应力。

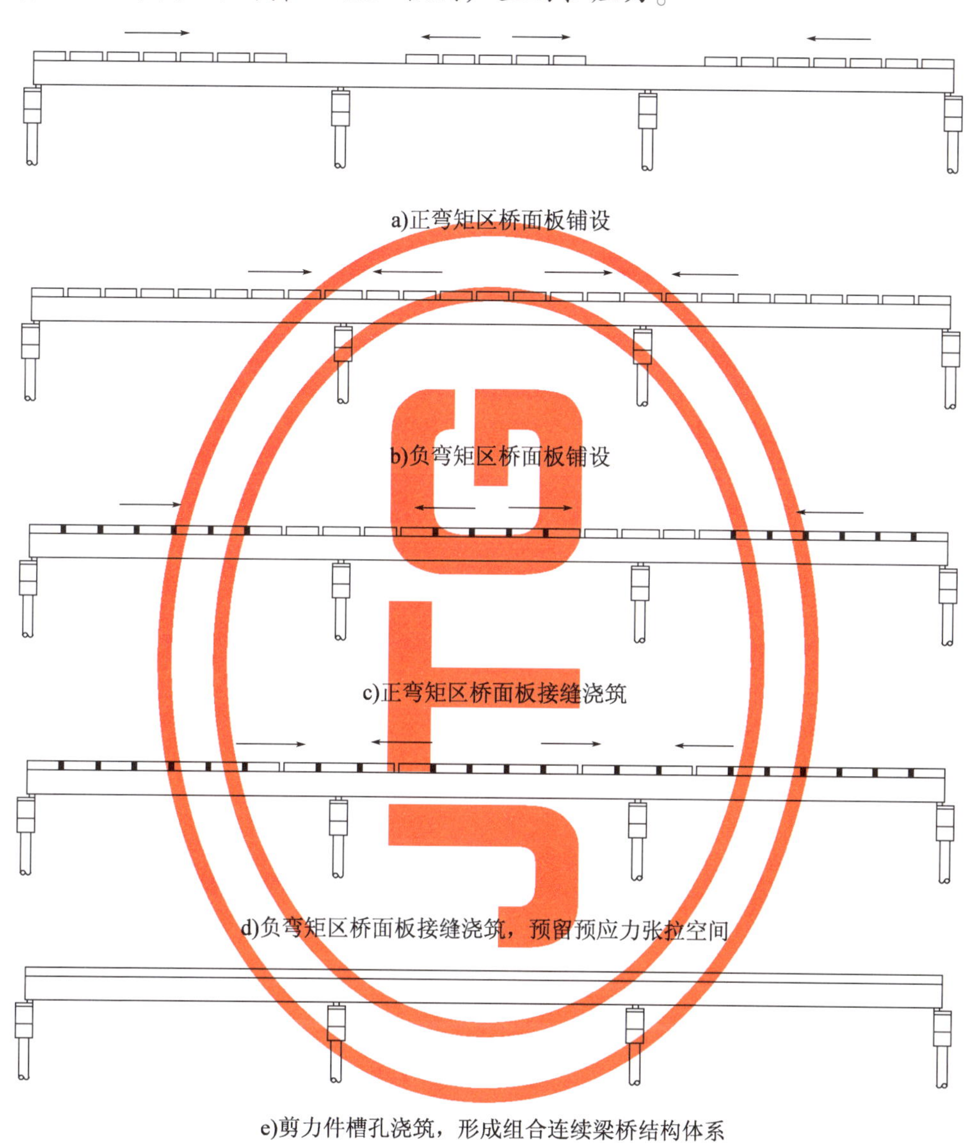

图7-4　钢混组合连续梁桥预制桥面板铺设顺序示意

7.4.6　组合梁预应力施工应根据结构特点及施工可行性，确定预应力施工方式。

7.4.7　连续梁采用支点位移法对桥面板施加预设应力时，应符合下列规定：

1　在桥面板混凝土的强度和弹性模量达到设计要求时，方可进行落梁施工。

2　顶升和落梁时应均匀、同步，同一断面钢梁底板两侧高差在顶、落梁过程中宜控制在5mm以内。

3　梁板安装时应严格控制梁底临时支座和永久支座顶高程，允许相对偏差应为±1mm。临时支座的卸落顺序应符合结构受力要求，同一墩顶的多个临时支座宜分4级或5级均匀、同步卸落。

条文说明

支点顶升示意参考图7-5。

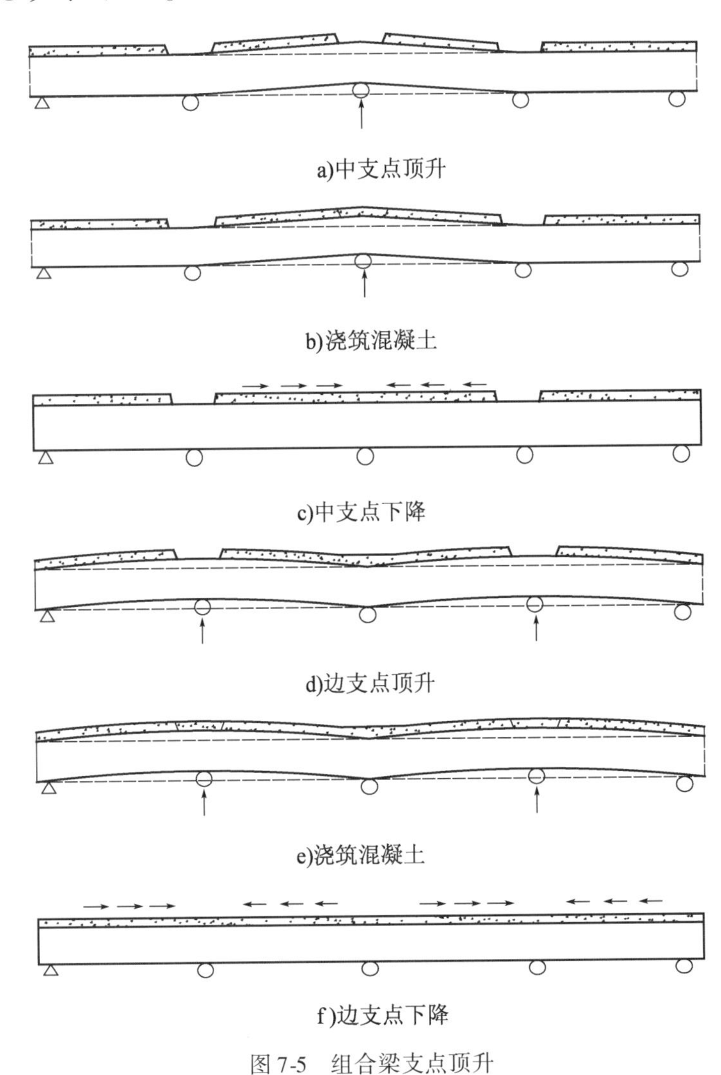

a)中支点顶升

b)浇筑混凝土

c)中支点下降

d)边支点顶升

e)浇筑混凝土

f)边支点下降

图7-5　组合梁支点顶升

7.4.8　装配式组合梁安装实测项目应符合表7.4.8的规定。

表7.4.8　组合梁安装允许偏差

实测项目		规定值或允许偏差（mm）	检查方法
轴线偏位	组合梁中心线	10	全站仪
	两孔相邻横梁中心线相对偏差	5	尺量
梁底高程	墩台处梁底	±10	水准仪
	两孔相邻横梁相对高差	5	

续表7.4.8

<table>
<tr><th colspan="3">实 测 项 目</th><th>规定值或允许偏差（mm）</th><th>检 查 方 法</th></tr>
<tr><td rowspan="5">支座安装</td><td colspan="2">支座纵、横线扭转</td><td>1</td><td>尺量</td></tr>
<tr><td colspan="2">支座中心与主梁中心线偏位</td><td>2</td><td>全站仪或全站仪与钢板尺</td></tr>
<tr><td colspan="2">支座顺桥向偏位</td><td>10</td><td>全站仪或拉线检查</td></tr>
<tr><td colspan="2">支座高程</td><td>±5</td><td>水准仪</td></tr>
<tr><td colspan="2">支座四角高差</td><td>2</td><td>水准仪</td></tr>
<tr><td colspan="3">线形高程</td><td>+10，-5</td><td>水准仪</td></tr>
<tr><td rowspan="5">连接</td><td rowspan="2">对接焊缝</td><td>外观质量</td><td rowspan="2">满足设计及规范相应焊缝要求</td><td rowspan="2">查焊接记录</td></tr>
<tr><td>内部质量</td></tr>
<tr><td colspan="2">高强度螺栓扭矩</td><td>±10%</td><td>测力扳手</td></tr>
<tr><td colspan="2">栓接面抗滑系数（喷砂）</td><td>出厂≥0.55
安装≥0.45</td><td>每5个梁段做一批（3组）检查</td></tr>
<tr><td colspan="2">防腐涂层</td><td colspan="2">满足设计及规范要求</td></tr>
</table>

附录A 结构胶性能指标

A.1 结构胶物理性能

A.1.1 在各型号结构胶适用温度范围的高限温度条件下，结构胶凝胶时间不应小于20min。

条文说明

选用100g样品放置于内径约40mm的隔热圆柱形容器内进行试验。首先将结构胶的两种成分在各自的容器内预加热，将容器放入温度可控的温箱内，加热温度为结构胶使用温度范围的上限，然后将具有不同颜色的成分A和成分B在选定的等温条件下混合并搅拌3min，直至混合物颜色均匀。立即将连接在记录仪上的热电偶插入混合物内，并启动秒表。当混合物不能正常涂抹时，所测得的时间即为凝胶时间。

A.1.2 在各型号结构胶适用温度范围的高限温度条件下，结构胶可黏结时间不应小于60min。

条文说明

当施工条件要求在混凝土预制构件吊装到位前涂抹结构胶时，在确定结构胶配方的情况下需延长可黏结时间。

A.1.3 在各型号结构胶适用温度范围的高限温度条件下，在结构立面上涂胶层的厚度不小于3mm时，结构胶应无流挂。结构胶触变性能宜采用丹尼尔量尺进行测量。

条文说明

丹尼尔量尺测量结构胶触变性能具体操作为：将丹尼尔量尺放于水平面上，槽沟部分处于水平位置，将黏合剂混合后放置10min，之后用其填满沟槽部分至边缘，最后快速将槽沟竖起使其直立。

A.1.4 宜通过在两张蜡纸之间进行挤压测试，得出结构胶的挤压扩展性能。在所指定应用温度范围的下限，被测试结构胶形成物的表面积在所指定挤压力下应满足表 A. 1. 4的要求。

表 A. 1. 4　挤压力与表面积对应关系

挤压力（kN）	表面积（mm^2）
0. 15	3 000
2	7 500
4	10 000

A. 1. 5　在各型号结构胶适用温度范围的低限温度条件下，结构胶强度发展应满足表 A. 1. 5的要求。

表 A. 1. 5　结构胶固化速度

时　　间	抗压强度（MPa）
12h	≥20
24h	≥40
7d	≥75

A. 1. 6　结构胶抗压和抗剪弹性模量应满足表 A. 1. 6 的要求。

表 A. 1. 6　结构胶抗压和抗剪弹性模量

项　　目	规定值（MPa）
瞬间抗压弹性模量（E_i）	≥8 000
延滞抗压弹性模量（E_d，1h）	≥6 000
瞬间抗剪弹性模量（G_i）	≥1 500
延滞抗剪弹性模量（G_d，1h）	≥1 200
延滞抗剪弹性模量（G_d，28d）	≥1 000

A. 1. 7　结构胶应进行吸水率及溶解率测试。各型号结构胶在适用温度范围的高限温度条件下，吸水率不应大于0. 5%，水中溶解率不应大于0. 1%。

条文说明

吸水率及溶解率测试所用结构胶试件尺寸为10mm×15mm×120mm。在结构胶所指定温度范围的上限温度条件下固化7d，用除模剂清洁试件，进行首次称重 g_1。在温度为60℃的水中存放14d后取出，擦干再次称重 g_2。最后将试件在60℃的条件下干燥处理，一般为2～3周，直至获得稳定的重量 g。

吸水率按式（A-1）计算：

$$\eta = \frac{g_2 - g}{g} \times 100\% \tag{A-1}$$

溶解率按式（A-2）计算：

$$\mu = \frac{g_1 - g}{g} \times 100\% \tag{A-2}$$

A.1.8 在各型号结构胶适用温度范围的高限温度条件下，养护 7d 的试件的耐热温度（Martens 点）不应低于 50℃。在各型号结构胶适用温度范围的高限温度条件下，养护 7d 的试件的热变形温度不应低于 50℃。

条文说明

结构的耐热性检测需符合国外规范 DIN 53458 和 ASTM D648 相关条款的规定。DIN 53458 规范关于耐热温度的要求为：在各型号结构胶适用温度范围的高限温度条件下，养护 7d 的试件的耐热温度（Martens 点）不低于 50℃。ASTM D648 规范关于热变形的温度要求为：在各型号结构胶适用温度范围的高限温度条件下，养护 7d 的试件的热变形温度不低于 50℃。

A.2 结构胶化学性能

A.2.1 结构胶在使用期间不应与碱性混凝土发生化学反应。

A.2.2 结构胶在使用过程中应保持化学稳定性。采用碳纤维加固结构胶水热加速老化耐久性检测时，经 60℃、95% 湿度恒定作用 2 000h 后，试件的金属黏结抗剪强度的下降幅度不应超过参比试件强度的 10%。

A.3 结构胶力学性能

A.3.1 在各型号结构胶适用温度范围的低限温度条件下，结构胶 24h 抗压强度不应小于 60MPa，7d 抗压强度不应小于 75MPa。

条文说明

黏结剂抗压强度指标参考国际后张预应力协会标准（FIP）《关于分段施工中环氧粘合剂验收试验及认定标准的建议》第 5.12 节制定，在各型号结构胶适用温度范围的低限温度条件下，24h 抗压强度不小于 60MPa，7d 抗压强度不小于 75MPa。加载速率接近 25MPa/min。

A.3.2 在各型号结构胶适用温度范围的低限温度条件下，24h 湿度为 100% 时，结构胶剪切抗拉强度检测断裂破坏应全部发生在混凝土内部，不得有发生在结构胶内部的破坏出现。

条文说明

剪切抗拉强度检验试件为尺寸 50mm × 50mm × 100mm 的混凝土棱柱，混凝土抗压强度为 40MPa，对黏结面进行喷砂处理或气动凿毛处理，随后在水中浸泡 72h。浸泡时环境温度控制在结构胶规定适用温度范围的下限温度。从水中取出试件后，用干净的布对黏结面进行干燥处理，然后涂抹 2mm 厚结构胶，对结合面施加 0.2MPa 压应力，将其放置在结构胶规定适用温度范围的下限温度环境中。待结构胶固化，达到设计强度后进行 4 点弯曲试验。

A.3.3 在各型号结构胶适用温度范围的低限温度条件下，结构胶 7d 抗剪强度不应小于 12MPa。

条文说明

抗剪强度试验试件通常采用尺寸为 75mm × 75mm × 150mm 的棱柱体或直径 150mm、长 300mm 的圆柱体混凝土构件，测试时黏结面与垂直面成 30° 角。混凝土构件在水中固化 7d，固化后对试件进行凿毛干燥处理，并通过喷砂、钢丝刷清理黏结面，然后再次将试件在水中浸泡 3h，随后取出并用干净的布进行凿毛干燥处理。接着在其中一个黏结面上涂抹 3mm 厚结构胶，黏结面维持 0.2MPa 压应力。让试件在结构胶规定适用温度范围的下限温度环境中存放 7d，随后进行测试，直到试件破坏。

A.4 结构胶耐久性能

A.4.1 将耐湿热老化性能测试试件放置于温度为 50℃、相对湿度为（95 ± 3）% 的湿热环境中，养护 90d 后取出试件，冷却至（23 ± 2）℃，并在该温度下测试混凝土与混凝土对粘弯曲性能，每组测试 3 个试件，破坏均发生在混凝土内部则结构胶耐湿热老化性能测试合格。

条文说明

耐湿热老化性能测试试件通常采用抗压强度为 45 ~ 55MPa 的细石水泥混凝土（或胶砂）试件，尺寸为 50mm × 50mm × 200mm。将试件截断成等长的两段，使用抛丸方法或钢丝刷将试件断面清除干净，放入水中浸泡 72h。将试件从水中拿出并擦干，将经充分混合的胶黏剂涂抹在试件断面上，胶层厚度为 3mm，再将另一个试件的断面贴合到涂有胶黏剂的黏结面上，在黏结面处施加 0.2MPa 的压力将其夹紧，制作成 1 组试件并养护 7d。

A.4.2 将耐冻融循环性能测试试件用水浸湿放在已恒温至 -25_{0}^{+2}℃ 的冰箱中冷冻

4h，取出试件放入35_{0}^{+2}℃的水槽中浸渍4h，为一次循环。重复上述循环至50次。取出试件，擦去试件表面水分，在（23±2）℃放置8h，并在该温度下测试混凝土与混凝土对粘弯曲性能，每组测试3个试件，破坏均发生在混凝土内部为合格。

条文说明

耐冻融循环性能试件制作方法与本规范第A.4.1条耐湿热老化性能试件相同。

A.4.3 选择合适量程的轴向拉伸疲劳试验机，试验机的频率可设定为5～15Hz，在应力比为5∶1.5、最大应力为4.0MPa的疲劳荷载下对钢对钢拉伸抗剪试件进行200万次等幅正弦波疲劳荷载作用，每组测试5个试件，试件均不破坏为合格。

条文说明

钢对钢拉伸剪切强度需按现行《胶粘剂 拉伸剪切强度的测定（刚性材料对刚性材料）》（GB/T 7124）的规定进行测定，其中钢片材质一般为45号碳钢或S30408不锈钢（06Cr19Ni10），质量需符合现行《不锈钢和耐热钢 牌号及化学成分》（GB/T 20878）的规定。钢片厚度一般为（2±0.2）mm，试验前需采用喷砂方法对粘接面进行糙化处理，喷砂机的工作压力一般为0.45MPa，喷砂料一般为通过80R筛孔，但不通过60R筛孔的筛余料。仲裁试验钢材质需为45号碳钢。按上述要求制作1组试件并养护7d。

A.4.4 耐长期应力作用性能测试试件在标准条件下应承受4.0MPa的剪应力，且持续作用210d，按HB6686进行测定。每组试件数量应为5个，试验结果应取5个试件测试结果的算术平均值。

条文说明

耐长期应力作用性能试件制作方法与本规范第A.4.3条耐疲劳应力作用性能试件相同。

A.5 结构胶耐介质侵蚀性能

A.5.1 将耐碱性介质性能测试试件混凝土表面进行防腐蚀处理，处理过程中避开粘接部位。将处置后的试件放置于$Ca(OH)_2$饱和溶液的碱性介质中，试验温度为（35±2）℃，浸泡时间为30d；到期取出试件，擦干，在（23±2）℃放置8h，并在该温度下测试混凝土与混凝土对粘弯曲性能，每组测试3个试件，破坏均发生在混凝土内部为合格。

条文说明

耐碱性介质性能试件制作方法与本规范第A.4.1条耐湿热老化性能试件相同。

A.5.2 将耐酸性介质性能测试试件混凝土表面进行防腐蚀处理，处理过程中避开粘接部位。将处置后的试件放置于5% H_2SO_4溶液的酸性介质中，试验温度为（35±2）℃，浸泡时间为30d；到期取出试件，擦干，在（23±2）℃放置8h，并在该温度下测试混凝土与混凝土对粘弯曲性能，每组测试3个试件，破坏均发生在混凝土内部为合格。

条文说明

耐酸性介质性能试件制作方法与本规范第A.4.1条耐湿热老化性能试件相同。

A.5.3 将耐盐雾性能测试试件混凝土表面进行防腐蚀处理，处理过程中避开粘接部位。将处置后的试件放置于盐雾试验环境中。盐雾环境应为5%氯化钠溶液，喷雾压力为0.08MPa，试验温度为（35±2）℃，每0.5h喷雾一次，每次0.5h，盐雾应自由沉降在试件上，作用持续时间应为90d。到期取出试件，擦干，在（23±2）℃放置8h，并在该温度下测试混凝土与混凝土对粘弯曲性能，每组测试3个试件，破坏均发生在混凝土内部为合格。

条文说明

耐盐雾性能试件制作方法与本规范第A.4.1条耐湿热老化性能试件相同。

附录 B 预制构件检查项

工程项目名称：

建设单位：　　　　设计单位：　　　　施工单位：　　　　监理单位：

构件生产企业：　　　　构件类型：

构件编号：　　　　图纸编号：

生产序号：　　　　生产日期：　　　　检查日期：

<table>
<tr><th>分　项</th><th colspan="2">检 查 项 目</th><th>质 量 要 求</th><th>实　测</th><th>判　定</th></tr>
<tr><td>构件混凝土强度</td><td colspan="2"></td><td></td><td></td><td>合　否</td></tr>
<tr><td rowspan="6">构件外形尺寸</td><td rowspan="6">允许偏差</td><td>长度（mm）</td><td></td><td></td><td>合　否</td></tr>
<tr><td>宽度（mm）</td><td></td><td></td><td>合　否</td></tr>
<tr><td>厚度（mm）</td><td></td><td></td><td>合　否</td></tr>
<tr><td>对角线差值（mm）</td><td></td><td></td><td>合　否</td></tr>
<tr><td>表面平整度、扭曲、弯曲</td><td></td><td></td><td>合　否</td></tr>
<tr><td>构件边长翘曲</td><td></td><td></td><td>合　否</td></tr>
<tr><td rowspan="3">连接套管</td><td rowspan="2">允许偏差</td><td>中心线位置</td><td></td><td></td><td>合　否</td></tr>
<tr><td>垂直度</td><td></td><td></td><td>合　否</td></tr>
<tr><td colspan="2">注入、排出口堵塞</td><td></td><td></td><td>合　否</td></tr>
<tr><td rowspan="4">钢筋</td><td rowspan="2">允许偏差</td><td>中心线位置</td><td></td><td></td><td>合　否</td></tr>
<tr><td>外露长度</td><td></td><td></td><td>合　否</td></tr>
<tr><td colspan="2">保护层厚度</td><td></td><td></td><td>合　否</td></tr>
<tr><td colspan="2">主筋状态</td><td></td><td></td><td>合　否</td></tr>
<tr><td rowspan="3">预埋件</td><td rowspan="3">允许偏差</td><td>中心线位置</td><td></td><td></td><td>合　否</td></tr>
<tr><td>平整度</td><td></td><td></td><td>合　否</td></tr>
<tr><td>安装垂直度</td><td></td><td></td><td>合　否</td></tr>
<tr><td rowspan="2">预留孔洞</td><td rowspan="2">允许偏差</td><td>中心线位置</td><td></td><td></td><td>合　否</td></tr>
<tr><td>尺寸</td><td></td><td></td><td>合　否</td></tr>
<tr><td rowspan="3">外观质量</td><td colspan="2">破损</td><td></td><td></td><td>合　否</td></tr>
<tr><td colspan="2">裂缝</td><td></td><td></td><td>合　否</td></tr>
<tr><td colspan="2">蜂窝、孔洞等外表缺陷</td><td></td><td></td><td>合　否</td></tr>
</table>

本规范用词用语说明

1　本规范执行严格程度的用词，采用下列写法：

1）表示很严格，非这样做不可的用词，正面词采用“必须”，反面词采用“严禁”；

2）表示严格，在正常情况下均应这样做的用词，正面词采用“应”，反面词采用“不应”或“不得”；

3）表示允许稍有选择，在条件许可时首先应这样做的用词，正面词采用“宜”，反面词采用“不宜”；

4）表示有选择，在一定条件下可以这样做的用词，采用“可”。

2　引用标准的用语采用下列写法：

1）在标准总则中表述与相关标准的关系时，采用“除应符合本规范的规定外，尚应符合国家和行业现行有关标准的规定”。

2）在标准条文及其他规定中，当引用的标准为国家标准和行业标准时，表述为“应符合《××××××》（×××）的有关规定”。

3）当引用本标准中的其他规定时，表述为“应符合本规范第×章的有关规定”、“应符合本规范第×.×节的有关规定”、“应符合本规范第×.×.×条的有关规定”或“应按本规范第×.×.×条的有关规定执行”。

现行公路工程行业标准一览表

（2022年9月）

序号	板块	模块	现行编号	名称	定价(元)
1	总体		JTG 1001—2017	公路工程标准体系(14300)	20.00
2			JTG 1002—2022	公路工程行业标准制修订管理导则(18218)	40.00
3			JTG A04—2013	公路工程标准编写导则(10538)	20.00
4	通用	基础	JTG B01—2014	公路工程技术标准(活页夹版,11814)	98.00
				公路工程技术标准(平装版,11829)	68.00
5			JTG 2111—2019	小交通量农村公路工程技术标准(15327)	50.00
6			JTG 2112—2021	城镇化地区公路工程技术标准(17752)	50.00
7			JTJ 002—87	公路工程名词术语(0346)	22.00
8			JTJ 003—86	公路自然区划标准(0348)	16.00
9			JTG 2120—2020	公路工程结构可靠性设计统一标准(16532)	50.00
10			建标〔2011〕124号	公路工程项目建设用地指标(09402)	36.00
11			JTG F80/1—2017	公路工程质量检验评定标准　第一册　土建工程(14472)	90.00
12			JTG 2182—2020	公路工程质量检验评定标准　第二册　机电工程(16987)	60.00
13		安全	JTG B05—2015	公路项目安全性评价规范(12806)	45.00
14			JTG B05-01—2013	公路护栏安全性能评价标准(10992)	30.00
15			JTG B02—2013	公路工程抗震规范(11120)	45.00
16			JTG/T 2231-01—2020	公路桥梁抗震设计规范(16483)	80.00
17			JTG/T 2231-02—2021	公路桥梁抗震性能评价细则(16433)	40.00
18			JTG 2232—2019	公路隧道抗震设计规范(16131)	60.00
19			JTG F90—2015	公路工程施工安全技术规范(12138)	68.00
20		绿色	JTG B03—2006	公路建设项目环境影响评价规范(13373)	40.00
21			JTG B04—2010	公路环境保护设计规范(08473)	28.00
22			JTG/T 2321—2021	公路工程利用建筑垃圾技术规范(17536)	40.00
23			JTG/T 2340—2020	公路工程节能规范(16115)	30.00
24		智慧	JTG/T 2420—2021	公路工程信息模型应用统一标准(17181)	50.00
25			JTG/T 2421—2021	公路工程设计信息模型应用标准(17179)	80.00
26			JTG/T 2422—2021	公路工程施工信息模型应用标准(17180)	70.00
27	建设	勘测	JTG C10—2007	公路勘测规范(06570)	40.00
28			JTG/T C10—2007	公路勘测细则(06572)	42.00
29			JTG C20—2011	公路工程地质勘察规范(09507)	65.00
30			JTG/T C21-01—2005	公路工程地质遥感勘察规范(0839)	17.00
31			JTG/T C21-02—2014	公路工程卫星图像测绘技术规程(11540)	25.00
32			JTG/T 3221-04—2022	公路跨海通道工程地质勘察规程(18076)	70.00
33			JTG/T 3222—2020	公路工程物探规程(16831)	60.00
34			JTG 3223—2021	公路工程地质原位测试规程(17325)	100.00
35		设计	JTG C30—2015	公路工程水文勘测设计规范(12063)	70.00
36			JTG/T 3310—2019	公路工程混凝土结构耐久性设计规范(15635)	50.00
37			JTG/T 3311—2021	小交通量农村公路工程设计规范(17487)	60.00
38			JTG D20—2017	公路路线设计规范(14301)	80.00
39			JTG/T D21—2014	公路立体交叉设计细则(11761)	60.00
40			JTG D30—2015	公路路基设计规范(12147)	98.00
41			JTG/T D31—2008	沙漠地区公路设计与施工指南(1206)	32.00
42			JTG/T D31-02—2013	公路软土地基路堤设计与施工技术细则(10449)	40.00
43			JTG/T D31-03—2011	采空区公路设计与施工技术细则(09181)	40.00
44			JTG/T D31-04—2012	多年冻土地区公路设计与施工技术细则(10260)	40.00
45			JTG/T D31-05—2017	黄土地区公路路基设计与施工技术规范(13994)	50.00
46			JTG/T D31-06—2017	季节性冻土地区公路设计与施工技术规范(13981)	45.00
47			JTG/T D32—2012	公路土工合成材料应用技术规范(09908)	50.00
48			JTG/T D33—2012	公路排水设计规范(10337)	40.00
49			JTG/T 3334—2018	公路滑坡防治设计规范(15178)	55.00
50			JTG D40—2011	公路水泥混凝土路面设计规范(09463)	40.00
51			JTG D50—2017	公路沥青路面设计规范(13760)	50.00
52			JTG/T 3350-03—2020	排水沥青路面设计与施工技术规范(16651)	50.00
53			JTG D60—2015	公路桥涵设计通用规范(12506)	40.00
54			JTG/T 3360-01—2018	公路桥梁抗风设计规范(15231)	75.00
55			JTG/T 3360-02—2020	公路桥梁抗撞设计规范(16435)	40.00
56			JTG/T 3360-03—2018	公路桥梁景观设计规范(14540)	40.00
57			JTG D61—2005	公路圬工桥涵设计规范(13355)	30.00
58			JTG 3362—2018	公路钢筋混凝土及预应力混凝土桥涵设计规范(14951)	90.00
59			JTG 3363—2019	公路桥涵地基与基础设计规范(16223)	90.00
60			JTG D64—2015	公路钢结构桥梁设计规范(12507)	80.00
61			JTG/T D64-01—2015	公路钢混组合桥梁设计与施工规范(12682)	45.00
62			JTG/T 3364-02—2019	公路钢桥面铺装设计与施工技术规范(15637)	50.00
63			JTG/T 3365-01—2020	公路斜拉桥设计规范(16365)	50.00
64			JTG/T 3365-02—2020	公路涵洞设计规范(16583)	50.00
65			JTG/T D65-05—2015	公路悬索桥设计规范(12674)	55.00
66			JTG/T D65-06—2015	公路钢管混凝土拱桥设计规范(12514)	40.00
67			JTG/T 3365-05—2022	公路装配式混凝土桥梁设计规范(17885)	60.00
68			JTG 3370.1—2018	公路隧道设计规范　第一册　土建工程(14639)	110.00
69			JTG D70/2—2014	公路隧道设计规范　第二册　交通工程与附属设施(11543)	50.00

序号	板块	模块	现行编号	名　　称	定价(元)
70	建设	设计	JTG/T D70—2010	公路隧道设计细则(08478)	66.00
71			JTG/T D70/2-01—2014	公路隧道照明设计细则(11541)	35.00
72			JTG/T D70/2-02—2014	公路隧道通风设计细则(11546)	70.00
73			JTG/T 3371—2022	公路水下隧道设计规范(17889)	120.00
74			JTG/T 3371-01—2022	公路沉管隧道设计规范(18063)	70.00
75			JTG/T 3374—2020	公路瓦斯隧道设计与施工技术规范(16141)	60.00
76			JTG D80—2006	高速公路交通工程及沿线设施设计通用规范(0998)	25.00
77			JTG D81—2017	公路交通安全设施设计规范(14395)	60.00
78			JTG/T D81—2017	公路交通安全设施设计细则(14396)	90.00
79			JTG/T 3381-02—2020	公路限速标志设计规范(16696)	40.00
80			JTG D82—2009	公路交通标志和标线设置规范(07947)	116.00
81			JTG/T 3383-01—2020	公路通信及电力管道设计规范(16686)	40.00
82			JTG/T L11—2014	高速公路改扩建设计细则(11998)	45.00
83			JTG/T L80—2014	高速公路改扩建交通工程与沿线设施设计细则(11999)	30.00
84			JTG/T 3392—2022	高速公路改扩建交通组织设计规范(17883)	50.00
85		通用图	JTG/T 3911—2021	装配化工字组合梁钢桥通用图(17771)	3000.00
86		试验	JTG E20—2011	公路工程沥青及沥青混合料试验规程(09468)	106.00
87			JTG 3420—2020	公路工程水泥及水泥混凝土试验规程(16989)	100.00
88			JTG 3430—2020	公路土工试验规程(16828)	120.00
89			JTG E41—2005	公路工程岩石试验规程(13351)	30.00
90			JTG E42—2005	公路工程集料试验规程(13353)	50.00
91			JTG E50—2006	公路工程土工合成材料试验规程(13398)	40.00
92			JTG E51—2009	公路工程无机结合料稳定材料试验规程(08046)	60.00
93			JTG 3450—2019	公路路基路面现场测试规程(15830)	90.00
94		检测	JTG/T 3512—2020	公路工程基桩检测技术规程(16482)	60.00
95			JTG/T 3520—2021	公路机电工程测试规程(17414)	60.00
96		施工	JTG/T 3610—2019	公路路基施工技术规范(15769)	80.00
97			JTG/T F20—2015	公路路面基层施工技术细则(12367)	45.00
98			JTG/T F30—2014	公路水泥混凝土路面施工技术细则(11244)	60.00
99			JTG F40—2004	公路沥青路面施工技术规范(05328)	50.00
100			JTG/T 3650—2020	公路桥涵施工技术规范(16434)	125.00
101			JTG/T 3650-02—2019	特大跨径公路桥梁施工测量规范(15634)	80.00
102			JTG/T 3651—2022	公路钢结构桥梁制造和安装施工规范(17884)	80.00
103			JTG/T 3652—2022	跨海钢箱梁桥大节段施工技术规程(18075)	30.00
104			JTG/T 3654—2022	公路装配式混凝土桥梁施工技术规范(18231)	60.00
105			JTG/T 3660—2020	公路隧道施工技术规范(16488)	100.00
106			JTG/T 3671—2021	公路交通安全设施施工技术规范(17000)	50.00
107			JTG/T F72—2011	公路隧道交通工程与附属设施施工技术规范(09509)	35.00
108		监理	JTG G10—2016	公路工程施工监理规范(13275)	40.00
109		造价	JTG 3810—2017	公路工程建设项目造价文件管理导则(14473)	50.00
110			JTG/T 3811—2020	公路工程施工定额测定与编制规程(16083)	60.00
111			JTG/T 3812—2020	公路工程建设项目造价数据标准(16836)	100.00
112			JTG 3820—2018	公路工程建设项目投资估算编制办法(14362)	60.00
113			JTG/T 3821—2018	公路工程估算指标(14363)	120.00
114			JTG 3830—2018	公路工程建设项目概算预算编制办法(14364)	60.00
115			JTG/T 3831—2018	公路工程概算定额(14365)	270.00
116			JTG/T 3832—2018	公路工程预算定额(14366)	300.00
117			JTG/T 3832-01—2022	公路桥梁钢结构工程预算定额(18182)	40.00
118			JTG/T 3833—2018	公路工程机械台班费用定额(14367)	50.00
119	养护	综合	JTG H10—2009	公路养护技术规范(08071)	60.00
120			JTG 5120—2021	公路桥涵养护规范(17160)	60.00
121			JTG/T 5122—2021	公路缆索结构体系桥梁养护技术规范(17764)	60.00
122			JTG/T 5124—2022	公路跨海桥梁养护技术规范(18092)	50.00
123			JTG H12—2015	公路隧道养护技术规范(12062)	60.00
124			JTJ 073.1—2001	公路水泥混凝土路面养护技术规范(13658)	20.00
125			JTG 5142—2019	公路沥青路面养护技术规范(15612)	60.00
126			JTG/T 5142-01—2021	公路沥青路面预防养护技术规范(17578)	50.00
127			JTG 5150—2020	公路路基养护技术规范(16596)	40.00
128			JTG/T 5190—2019	农村公路养护技术规范(15430)	30.00
129		检测评价	JTG 5210—2018	公路技术状况评定标准(15202)	40.00
130			JTG/T E61—2014	公路路面技术状况自动化检测规程(11830)	25.00
131			JTG/T H21—2011	公路桥梁技术状况评定标准(09324)	46.00
132			JTG/T J21—2011	公路桥梁承载能力检测评定规程(09480)	20.00
133			JTG/T J21-01—2015	公路桥梁荷载试验规程(12751)	40.00
134			JTG/T 5214—2022	在用公路桥梁现场检测技术规程(18168)	50.00
135			JTG 5220—2020	公路养护工程质量检验评定标准　第一册　土建工程(16795)	80.00
136		养护设计	JTG 5421—2018	公路沥青路面养护设计规范(15201)	40.00
137			JTG/T J22—2008	公路桥梁加固设计规范(07380)	52.00
138			JTG/T 5440—2018	公路隧道加固技术规范(15402)	70.00
139		养护施工	JTG/T F31—2014	公路水泥混凝土路面再生利用技术细则(11360)	30.00
140			JTG/T 5521—2019	公路沥青路面再生技术规范(15839)	60.00
141			JTG/T J23—2008	公路桥梁加固施工技术规范(07378)	40.00
142			JTG H30—2015	公路养护安全作业规程(12234)	90.00
143		造价	JTG 5610—2020	公路养护预算编制导则(16733)	50.00
144			JTG/T M72-01—2017	公路隧道养护工程预算定额(14189)	60.00
145			JTG/T 5612—2020	公路桥梁养护工程预算定额(16855)	50.00
146			JTG/T 5640—2020	农村公路养护预算编制办法(16302)	70.00
147	运营	收费服务	JTG 6310—2022	收费公路联网收费技术标准	110.00
148			JTG/T 6303.1—2017	收费公路移动支付技术规范　第一册　停车移动支付(14380)	20.00
149			JTG B10-01—2014	公路电子不停车收费联网运营和服务规范(11566)	30.00

注:JTG——公路工程行业标准;JTG/T——公路工程行业推荐性标准。销售电话:010-85285659;业务咨询电话:010-85285922/30。